Álgebra para o Ensino Fundamental

Caderno de Atividades
9º ano
volume 1

Manoel Benedito Rodrigues

São Paulo
2018

Digitação, Diagramação : Sueli Cardoso dos Santos - suly.santos@gmail.com

Elizabeth Miranda da Silva - elizabeth.ms2015@gmail.com

www.editorapolicarpo.com.br

contato: contato@editorapolicarpo.com.br

Dados Internacionais de Catalogação, na Publicação (CIP)

(Câmara Brasileira do Livro, SP, Brasil)

Rodrigues, Manoel Benedito.
Matémática / Manoel Benedito Rodrigues.
- São Paulo: Editora Policarpo, **Ed. Preliminar - 2018**
ISBN: 978-85-87592-92-7
1. Matemática 2. Ensino fundamental
I. Rodrigues, Manoel Benedito II. Álgebra para o Ensino Fundamental -
Cad. At. 9º ano - Vol.1

Índices para catálogo sistemático:

Todos os direitos reservados à:

EDITORA POLICARPO LTDA

Rua Dr. Rafael de Barros, 175 - Conj. 01

São Paulo - SP - CEP: 04003-041

Tel./Fax: (11) 3288 - 0895

Tel.: (11) 3284 - 8916

contato@editorapolicarpo.com.br

Índice

I Revisão

    1 - Produto notáveis 01

    2 - Fatoração 04

    3 - Frações algébricas 08

    4 - Equações fracionárias 10

    5 - Produtos notáveis e fatoração em problemas 12

    6 - Problemas 15

II Potenciação

    1 - Alguns subconjuntos do conjunto dos números reais (R) 33

    2 - Potência 36

    3 - Potência (propriedades) 37

III Radiciação

    1 - Definição 44

    2 - Propriedades 45

    3 - Operações 48

    4 - Racionalização de denominadores 60

    5 - Potência de expoente racional fracionário 64

IV Equações

    1 - Resolução por fatoração 67

    2 - Equação do 2º grau 72

    3 - Equação fracionárias 92

    4 - Equações redutíveis à equações do 2º grau 96

V Sistemas de grau maior ou igual a 2 111

VI Problemas 128

VII Exercícios de fixação 143

I REVISÃO

1 - Produtos Notáveis

Identidades que permitem escrever os resultados de algumas multiplicações, sem aplicar a propriedade distributiva:

- $(x + y)(x - y) = x^2 - y^2$
- $(x + y)^2 = x^2 + 2xy + y^2$; $(x - y)^2 = x^2 - 2xy + y^2$
- $(x + a)(x + b) = x^2 + (a + b)x + ab$
- $(x + y)(x^2 - xy + y^2) = x^3 + y^3$; $(x - y)(x^2 + xy + y^2) = x^3 - y^3$
- $(x + y + z)^2 = x^2 + y^2 + z^2 + + 2xy + 2xz + 2yz$
- $(x + y)^3 = x^2 + 3x^2y + 3xy^2 + y^3$; $(x - y)^3 = x^3 - 3x^2y + 3xy^2 - y^3$

1 Escrever os resultados das seguintes multiplicações:

a) $(a + n)(a - n) =$

b) $(x - a)(x + a) =$

c) $(x + 7)(x - 7) =$

d) $(a - 9)(a + 9) =$

e) $(a + n)^2 =$

f) $(x - a)^2 =$

g) $(x + 5)^2 =$

h) $(a - 6)^2 =$

i) $(x + 4)(x + 5) =$

j) $(x + 7)(x - 3) =$

k) $(a - 6)(a - 5) =$

l) $(a - 7)(a + 5) =$

m) $(x - 6)(x + 7) =$

n) $(x + 8)(x - 9) =$

o) $(x + a)(x^2 - xa + a^2) =$

p) $(a - n)(a^2 + an + n^2) =$

q) $(x + 5)(x^2 - 5x + 25) =$

r) $(a - 4)(a^2 + 4a + 16) =$

s) $(x + a + n)^2 =$

t) $(x - y - n)^2 =$

u) $(x - y + 5)^2 =$

2 Determinar os produtos de:

a) $(2x - 3y + 2a)^2 =$

b) $(-3x - 2y + 7)^2 =$

c) $(x + a)^3 =$

d) $(a - n)^3 =$

e) $(x + 2)^3 =$

f) $(x - 4)^3 =$

g) $(2a - 3n)^3 =$

h) $(5x^2 - 3x + 4)^2 =$

i) $(-6a^6 - 3a^3 + 7)^2 =$

j) $(3x^3 - 4y^4)^3 =$

3 Simplificar as seguintes expressões:

a) $(2x + 5)(2x - 5) + (3x + 2)^2 + (5x - 3)^2 + (x + 5)(x + 4) =$

b) $(x - 5)(x - 4) + (x - 5)(x + 2) + (3x^2 - 4x - 2)^2 =$

4 Simplificar as seguintes expressões:

a) $2(2x - 3)^2 - 3(3x + 2)(3x - 2) - 2(x - 7)(x + 5) + 3(x + 4)(x - 2) =$

b) $2(3x - 2)^3 - 3(2x - 5)^3 =$

5 O produto de dois binômios do primeiro grau em uma mesma variável tem dois termos semelhantes. Reduzindo estes termos semelhantes mentalmente, determinar os produtos de:

a) $(3x + 2)(2x - 5) =$

b) $(5x - 2)(3x + 4) =$

c) $(2a - 5)(3a - 7) =$

d) $(n - 7)(5n + 6) =$

e) $(7x - 1)(4x + 3) =$

f) $(3n + 9)(6n - 7) =$

6 Simplificar as seguintes expressões:

a) $2(3x - 1)(4x - 2) - 3(4x + 2)(3x - 2) + 2(2x - 1)(3x - 5) =$

b) $3(5x - 4)(x + 3) - 2(3x - 4)(2x - 7) + 3(2x - 4)(x + 3) - 31(x - 4) =$

Resp: 01 a) $a^2 - n^2$ b) $x^2 - a^2$ c) $x^2 - 49$ d) $a^2 - 81$ e) $a^2 + 2an + n^2$ f) $x^2 - 2ax + a^2$ g) $x^2 + 10x + 25$
h) $a^2 - 12a + 36$ i) $x^2 + 9x + 20$ j) $x^2 + 4x - 21$ k) $a^2 - 11a + 30$ l) $a^2 - 2a - 35$ m) $x^2 + x - 42$
n) $x^2 - x - 72$ o) $x^3 + a^3$ p) $a^3 - n^3$ q) $x^3 + 125$ r) $a^3 - 64$ s) $x^2 + a^2 + n^2 + 2xa + 2xn + 2an$
t) $x^2 + y^2 + n^2 - 2xy - 2xn + 2yn$ u) $x^2 + y^2 + 25 - 2xy + 10x - 10y$

7 O produto de um trinômio do 2º grau por um binômio do 1º grau, ambos em uma mesma variável tem dois pares de termos semelhantes. Reduzindo, mentalmente, estes pares de termos semelhantes, determinar os produtos de:

a) $(2x^2 - 3x - 5)(3x - 4) =$

b) $(3x^2 - 7x + 3)(4x - 2) =$

c) $(6x - 5)(2x^2 - x - 3) =$

8 Simplificar as seguintes expressões:

a) $2(3x^2 - x + 5)(5x - 1) - 3(3x - 4)(2x^2 - 5x - 7) =$

b) $5(4x - 2)(2x^2 - 3x - 1) - 2(4x^2 - x - 1)(3x - 2) =$

2 – Fatoração

De acordo com as identidades de 1 a 8 dadas a seguir fatoramos as expressões dadas nos exercícios seguintes.

1) Fator comum em evidência: $ax + ay = a(x + y)$

2) Agrupamento: $ax + ay + bx + by =$
$$= a(x + y) + b(x + y) = (x + y)(a + b)$$

3) Diferença de quadrados: $x^2 - y^2 = (x + y)(x - y)$

4) Trinômio quadrado perfeito: $x^2 + 2xy + y^2 = (x + y)^2$; $x^2 - 2xy + y^2 = (x - y)^2$

5) Trinômio do 2º grau: $x^2 + (a + b)x + ab = (x + a)(x + b)$

6) Soma de cubos: $x^3 + y^3 = (x + y)(x^2 - xy + y^2)$

7) Diferença de cubos: $x^3 - y^3 = (x - y)(x^2 + xy + y^2)$

8) Polinômio cubo perfeito: $x^3 + 3x^2y + 3xy^2 + y^3 = (x + y)^3$
$$x^3 - 3x^2y + 3xy^2 - y^3 = (x - y)^3$$

9 Fatorar as seguintes expressões:

a) nx + ny =

b) 5x + 15y =

c) $x^3 + 2x^2$ =

d) 4xy − 12yn =

e) $16x^2 − 12xy$ =

f) $24x^2y − 36xy^2$ =

g) ab − a =

h) $3x^2 + 6x^2y − 9x$ =

i) (a + b) x + (a + b) y =

j) $(a + b)x + (a + b)^2$ =

k) ax + bx + ay + by =

l) $a^2 − ab + ax − bx$ =

m) $ax − a^2 − bx + ab$ =

n) $6ax − 4x^2 − 9ay + 6xy$ =

10 Fatorar as expressões:

a) $x^2 − 9$ =

b) $25x^2 − 36y^2$ =

c) $4x^2 − 49$ =

d) $−64 + x^2$ =

e) $x^2 + 2ax + a^2$ =

f) $x^2 − 6xy + 9y^2$ =

g) $25x^2 + 10xy + y^2$ =

h) $36a^2 − 60a + 25$ =

i) $x^2 + 7x + 10$ =

j) $y^2 − 12y + 20$ =

k) $x^2 − 2x − 15$ =

l) $y^2 + 3y − 70$ =

m) $a^2 − a − 20$ =

n) $n^2 + n − 42$ =

Resp: **02** a) $4x^2 + 9y^2 + 4a^2 − 12xy + 8ax − 12ay$ b) $9x^2 + 4y^2 + 49 + 12xy − 42x − 28y$ c) $x^3 + 3x^2a + 3xa^2 + a^3$
d) $a^3 − 3a^2n + 3an^2 − n^3$ e) $x^3 + 6x^2 + 12x + 8$ f) $x^3 − 12x^2 + 48x − 64$ g) $8a^3 − 36a^2 + 54an^2 − 27$
h) $25x^4 − 30x^3 + 49x^2 − 24x + 16$ i) $36a^{12} + 36a^9 − 75a^6 − 42a^3 + 49$ j) $27x^9 − 108x^6y^4 + 144x^3y^8 − 64y^{12}$
03 a) $39x^2 − 9x + 8$ b) $9x^4 − 24x^3 + 6x^2 + 4x + 14$ **04** a) $−16x^2 − 14x + 76$ b) $30x^3 + 72x^2 − 378x + 359$
05 a) $6x^2 − 11x − 10$ b) $15x^2 + 14x − 8$ c) $6a^2 − 29a + 35$ d) $5n^2 − 29n − 42$ e) $28x^2 + 17x − 3$
f) $18n^2 + 33n − 63$ **06** a) $−40x + 26$ b) $9x^2 − 4$

11 Fatorar as seguintes expressões:

a) $x^3 + a^3 =$

b) $a^3 - n^3 =$

c) $x^3 + 8 =$

d) $27x^3 - 1 =$

e) $n^3 - 64 =$

f) $y^3 + 125 =$

g) $a^3 + 3a^2y + 3ay^2 + y^3 =$

h) $n^3 - 3n^2x + 3nx^2 - x^3 =$

i) $x^3 + 6x^2 + 12x + 8 =$

j) $8x^3 - 36x^2 + 54x - 27 =$

12 Fatorar:

Obs.: Quando houver fator comum para por em evidência, coloque - o, e em seguida verificar se dentro dos parênteses é possível continuar fatorando.

a) $x^3 - 4x =$

b) $8x^5 + 8x^4 + 2x^3 =$

c) $8a^4 - 24a^3b + 18a^2b^2 =$

d) $3x^3 + 21x^2 + 36x =$

e) $4x^4 - 20x^3 - 56x^2 =$

f) $5a^5 + 10a^4 - 240 =$

g) $x^4 - 16 =$

h) $81x^4 - 1 =$

i) $2x^5 + 128x^2 =$

j) $81a^5b - 24a^2b^4 =$

k) $2x^7y - 128xy^7 =$

13 Fatorar as expressões:

a) $3x^4 + 18x^3 + 36x^2 + 24x =$

b) $54a^4 - 54a^3 + 18a^2 - 2a =$

c) $2a^2x^2 - 4ax^2 + 2a^2xy - 4axy =$

d) $12abx^2 - 18b^2x^2 - 30abxy + 45b^2xy =$

e) $x^2 + 2ax + a^2 - y^2 + 2by - y^2 =$

14 Usando a propriedade: $a \cdot b = 0 \Rightarrow a = 0 \vee b = 0$, fatorando antes quando for necessário, resolver as seguintes equações:

Obs.: quando já estiver fatorado, escrever diretamente o conjunto solução.

a) $(x - 7)(x + 5) = 0$

b) $(x - 4)(x + 3)(x + 2) = 0$

c) $x(x - 3)(x + 9) = 0$

d) $(2x - 5)(3x - 2)x = 0$

e) $(2x - 6)(x + 3)(4x - 2) = 0$

f) $(3x + 7)(5x + 2) = 0$

g) $x^2 - 10x + 21 = 0$

h) $4x^2 - 25 = 0$

i) $x^2 - 3x - 70 = 0$

Resp: **07** a) $6x^3 - 17x^2 - 3x + 20$ b) $12x^3 - 34x^2 + 26 - 6$ c) $12x^3 - 16x^2 - 13x + 15$ **08** a) $12x^3 + 53x^2 + 55x - 94$
b) $16x^3 - 58x^2 + 12x + 6$ **09** a) $n(x + y)$ b) $5(x + 3y)$ c) $x^2(x + 2)$ d) $4y(x - 3n)$
e) $4x(4x - 3y)$ f) $12xy(2x - 3y)$ g) $a(b - 1)$ h) $3x(x + 2xy - 3)$ i) $(a + b)(x + y)$
j) $(a + b)(x + a + b)$ k) $(a + b)(x + y)$ l) $(a - b)(a + x)$ m) $(x - a)(a - b)$ n) $(3a - 2x)(2x - 3y)$
10 a) $(x + 3)(x - 3)$ b) $(5x + 6y)(5x - 6y)$ c) $(2x + 7)(2x - 7)$ d) $(x + 8)(x - 8)$ e) $(x + a)^2$ f) $(x - 3y)^2$
g) $(5x + y)^2$ h) $(6a - 5)^2$ i) $(x + 2)(x + 5)$ j) $(y - 2)(y - 10)$ k) $(x - 5)(x + 3)$
l) $(y + 10)(y - 7)$ m) $(a - 5)(a + 4)$ n) $(n + 7)(n - 6)$

15 Resolver as seguintes equações:

a) $x^2 + 4x - 12 = 0$

b) $x^2 - 4x - 28 = 0$

c) $x^2 + 4x - 32 = 0$

d) $9x^2 - 12x + 4 = 0$

e) $9x^2 - 16 = 0$

f) $25x^2 + 30x + 9 = 0$

g) $x^3 - 9x^2 + 27x - 27 = 0$

h) $8x^3 + 60x^2 + 150x + 125 = 0$

i) $x^3 - 5x^2 - 4x + 20 = 0$

j) $x^3 - 3x^2 - 9x + 27 = 0$

3 – Frações Algébricas

Na multiplicação de frações algébricas, fatoramos os numeradores e denominadores, primeiramente, para vermos se é possível simplificar (cortar os fatores comuns).

Exemplos: 1) $\dfrac{x^2 - 4}{4x^2 - 12x + 9} \cdot \dfrac{6x - 9}{2x - 4}$

$\dfrac{(x+2)(x-2)}{(2x-3)^2} \cdot \dfrac{3(2x-3)}{2(x-2)}$

$\dfrac{x+2}{2x-3} \cdot \dfrac{3}{2} = \dfrac{3x+6}{4x-6}$

2) $\dfrac{x^3 - y^3}{x^2 - 2xy + y^2} : \dfrac{x^2y + xy^2 + y^3}{x^2 + xy}$

$\dfrac{(x-y)(x^2+xy+y^2)}{(x-y)^2} \cdot \dfrac{x(x+y)}{y(x^2+xy+y^2)}$

$\dfrac{1}{x-y} \cdot \dfrac{x(x+y)}{y} = \dfrac{x^2 + xy}{xy - y^2}$

16 Simplicar as seguintes frações.

a) $\dfrac{6x^7 y^2}{9x^5 y^6} =$

b) $\dfrac{x^2 - 9}{3x - 9} =$

c) $\dfrac{4x + 6}{6x + 9} =$

17 Efetuar:

a) $\dfrac{x^2-25}{x^2+10x+25} \cdot \dfrac{x^2+2x-15}{x^2-5x} =$

b) $\dfrac{x^3+27}{x^2-4x-21} \cdot \dfrac{2x-14}{2x-7} =$

c) $\dfrac{x^2-6x+9}{2x-12} : \dfrac{x^3-9x^2+27x-27}{x^2-4x-12} =$

d) $\dfrac{x^2+x-6}{x^2+8x+15} \cdot \dfrac{x^2+6x-16}{x^2+2x-15} =$

Na adição e subtração de frações algébricas devemos determinar o mínimo múltiplo comum (mmc) dos denominadores, para reduzir as frações ao mesmo denominador

Exemplo: $\dfrac{x+1}{x-1} - \dfrac{x-1}{x+1} - \dfrac{4}{x^2-1} = x^2-1 = (x+1)(x-1) \Rightarrow mmc = (x+1)(x-1)$

$\dfrac{(x+1)^2-(x-1)^2-4}{(x+1)(x-1)} = \dfrac{x^2+2x+1-x^2+2x-1-4}{(x+1)(x-1)} = \dfrac{4x-4}{(x+1)(x-1)} = \dfrac{4(x-1)}{(x+1)(x-1)} = \dfrac{4}{x+1}$

18 Simplificar as seguintes expressões:

a) $\dfrac{x+3}{x-2} - \dfrac{2x-3}{x+2} + \dfrac{2x^2-28}{x^2-4} =$

b) $\dfrac{4x^2+9}{x^2-3x-18} - \dfrac{x+2}{2x+6} - \dfrac{3x-1}{x-6} =$

Resp: **11** a) $(x+a)(x^2-ax+a^2)$ b) $(a-n)(a^2+an+n^2)$ c) $(x+2)(x^2-2x+4)$ d) $(3x-1)(9x^2+3x+1)$
e) $(n+4)(n^2-4n+16)$ f) $(y+5)(y^2-5y+25)$ g) $(a+y)^3$ h) $(n-x)^3$ i) $(x+2)^3$ j) $(2x-3)^3$

12 a) $x(x+2)(x-2)$ b) $2x^3(2x+1)^2$ c) $2a^2(2a-3b)^2$ d) $3x(x+4)(x+3)$ e) $4x^2(x-7)(x+2)$
f) $5a^3(a+8)(a-6)$ g) $(x^2+4)(x+2)(x-2)$ h) $(9x^2+1)(3x+1)(3x-1)$ i) $2x^2(x+4)(x^2-4x+16)$
j) $3a^2b(3a-2b)(9a^2+6ab+4b^2)$ k) $2xy(x+2y)(x^2-2xy+4y^2)(x-2y)(x^2+2xy+4y^2)$

13 a) $3x(x+2)^3$ b) $2a(3a-1)^3$ c) $2ax(a-2)(x+y)$ d) $3bx(2a-3b)(2x-5y)$ e) $(x+a+y-b)(x+a-y-b)$

14 a) $V=\{7,-5\}$ b) $S=\{4,-3,-2\}$ c) $S=\{0,3,-9\}$ d) $V=\left\{\dfrac{5}{2},\dfrac{2}{3},0\right\}$ e) $S=\left\{3,-3,\dfrac{1}{2}\right\}$ f) $S=\left\{-\dfrac{7}{3},-\dfrac{2}{5}\right\}$
g) $\{3,7\}$ h) $S=\left\{-\dfrac{5}{2},\dfrac{5}{2}\right\}$ i) $\{10,-7\}$

19 Simplificar a expressões:

$$\frac{6(x^2-6)}{x^2-9} - \frac{2x+3}{x+3} + \frac{3x-2}{3-x}$$

---

4 – Equações fracionárias

Na resolução de equações fracionárias é necessário eliminar os valores encontrados que anulam algum denominador, isto é, os valores encontrados que vão para o conjunto - solução têm que estar no domínio de validade da equação.

Exemplo: $\dfrac{6x^2+2x-14}{x^2-1} - \dfrac{3x+4}{x+1} = \dfrac{2x-5}{x-1}$

$x^2-1=(x+1)(x-1) \Rightarrow \text{mmc}=(x+1)(x-1) \Rightarrow D=\mathbb{R}-\{1;-1\}$

$6x^2+2x-14-(x-1)(3x+4)=(x+1)(2x-5) \Rightarrow$

$6x^2+2x-14-(3x^2+x-4)=2x^2-3x-5 \Rightarrow$

$x^2+4x-5=0 \Rightarrow (x+5)(x-1)=0 \Rightarrow x=-5 \vee x=1$

Como $1 \notin D = \mathbb{R}-\{1;-1\}$, obtemos: $S=\{-5\}$

---

20 Resolver as seguintes equações:

a) $\dfrac{5x-1}{x-2} - \dfrac{4x+1}{x+2} = \dfrac{10+13x}{x^2-4}$

b) $\dfrac{2x-3}{x} - \dfrac{x-1}{2} = \dfrac{x-2}{4}$

21 Resolver as seguintes equações:

a) $\dfrac{3x+2}{x-2} - \dfrac{2x-1}{x+3} = \dfrac{21x}{x^2+x-6}$

b) $\dfrac{3x-1}{x+4} - \dfrac{4x+3}{3-x} = \dfrac{16x+155}{x^2+x-12}$

c) $\dfrac{x}{x^2-3x+2} - \dfrac{2x+3}{x^2+2x-3} = \dfrac{x+6}{2x^2+2x-12}$

Resp: **15** a) $\{-6, 2\}$ b) $\{7, -3\}$ c) $\{-8, 4\}$ d) $\left\{\dfrac{2}{3}\right\}$ e) $\left\{-\dfrac{4}{3}, \dfrac{4}{3}\right\}$ f) $\left\{-\dfrac{3}{5}\right\}$ g) $\{3\}$ h) $\left\{-\dfrac{5}{3}\right\}$

i) $\{5, -2, 2\}$ j) $\{3, -3\}$ **16** a) $\dfrac{2x^2}{3y^4}$ b) $\dfrac{x+3}{3}$ c) $\dfrac{2}{3}$ **17** a) $\dfrac{x-3}{x}$ b) $\dfrac{2x^2-6x+18}{2x-7}$

c) $\dfrac{x+2}{2x-6}$ d) $\dfrac{x-3}{x+8}$ **18** a) $\dfrac{x+14}{x-2}$ b) $\dfrac{x-6}{2x+6}$

5 – Produtos notáveis e fatoração em problemas

Sem determinar os números reais a, b, ..., determinar o que se pede.

Exemplo 1: Se $a + b = 27$ e $a^2 + b^2 = 405$, determinar $7ab$.

Resolução:

$a + b = 27 \Rightarrow (a + b)^2 = 27^2 \Rightarrow a^2 + 2ab + b^2 = 729 \Rightarrow 2ab + a^2 + b^2 = 729 \Rightarrow$
$\Rightarrow 2ab + 405 = 729 \Rightarrow 2ab = 324 \Rightarrow ab = 162 \Rightarrow 7ab = 7 \cdot (162) \Rightarrow 7ab = 1134$

Resposta: 1174

Exemplo 2: Se $a + b + c = 37$ e $a^2 + b^2 + c^2 = 891$, determinar $3ab + 3ac + 3bc$.

Resolução:

$a + b + c = 37 \Rightarrow (a + b + c)^2 = 37^2 \Rightarrow a^2 + b^2 + c^2 + 2ab + 2ac + 2bc + 1369 \Rightarrow$
$\Rightarrow 891 + 2(ab + ac + bc) = 1369 \Rightarrow 2(ab + ac + bc) = 478 \Rightarrow ab + ac + bc = 239$
$\Rightarrow 3(ab + ac + bc) = 3(239) \Rightarrow 3ab + 3ac + 3bc = 717$

Resposta: 717

Exemplo 3: Se $a + \dfrac{1}{a} = 17$, determinar $a^3 + \dfrac{1}{a^3}$

Resolução:

$a + \dfrac{1}{a} = 17 \Rightarrow \left(a + \dfrac{1}{a}\right)^3 = 17^3 \Rightarrow a^3 + 3a^2 \cdot \dfrac{1}{a} + 3a \cdot \dfrac{1}{a^2} + \dfrac{1}{a^3} = 4813 \Rightarrow$

$\Rightarrow a^3 + \dfrac{1}{a^3} + 3a + 3 \cdot \dfrac{1}{a} = 4813 \Rightarrow a^3 + \dfrac{1}{a^3} + 3\left(a + \dfrac{1}{a}\right) = 4813 \Rightarrow$

$\Rightarrow a^3 + \dfrac{1}{a^3} + 3(17) = 4813 \Rightarrow a^3 + \dfrac{1}{a^3} = 4813 - 51 \Rightarrow a^3 + \dfrac{1}{a^3} = 4762$

Resposta: 4762

22 Sem determinar x e y, determinar o que se pede, nos casos:

a) Se $x + y = 28$ e $xy = 98$, determinar $2x^2 + 2y^2$.

b) Se $x + \dfrac{1}{x} = 21$, determinar $x^2 + \dfrac{1}{x^2}$.

23 Sem determinar x, y, z, a e b, determinar o que se pede, nos casos:

a) Se $x + y + z = 10$ e $xy + yz + xz = 31$, determinar $x^2 + y^2 + z^2$.

b) Se $xy + xz + yz = 129$ e $x^2 + y^2 + x^2 = 142$, determinar $x + y + z$.

c) Se $a + b = 18$ e $a^2 - ab + b^2 = 93$, determinar $2a^3 + 2b^3$.

d) Se $a - b = 12$ e $a^3 - b^3 = 468$, determinar $3a^2 + 3ab + 3b^2$.

e) Se $a - b = 16$ e $a^2 - b^2 = 32$, determinar $a^3 + 3a^2b + 3ab^2 + b^3$.

Resp: **19** $\dfrac{x-7}{x-3}$ **20** a) $S = \{-5\}$ b) $V = \{2\}$ **21** a) $V = \{1, 4\}$ b) $V = \{5\}$ c) $V = \{-2, 3\}$

24 Resolver:

a) Se $a + b = 3$ e $a^3 + b^3 = 387$, determinar ab.

b) Se $a + b = 3$ e $a^2b + ab^2 = -162$, determinar $a^3 + b^3$.

c) Se $x + \dfrac{1}{x} = n$, determinar $x^2 + \dfrac{1}{x^2}$.

d) Se $x^2 + \dfrac{1}{x^2} = 66$, determinar $x - \dfrac{1}{x}$.

e) Se x é positivo e $x^2 + \dfrac{1}{x^2} = 34$, determinar $x^3 + \dfrac{1}{x^3}$.

6 – Problemas

Exemplo 1: A soma dos quadrados de dois números ímpares consecutivos é 202. Determinar estes números.

Resolução:

I) A diferença entre dois números ímpares consecutivos é 2, então, se um for x o outro será x + 2.

II) $x^2 + (x + 2)^2 = 202 \Rightarrow x^2 + x^2 + 4x + 4 = 202 \Rightarrow$

$2x^2 + 4x - 198 = 0 \Rightarrow x^2 + 2x - 99 = 0 \Rightarrow (x + 11)(x - 9) = 0 \Rightarrow$

$x = -11$ ou $x = 9$

$\begin{cases} x = -11 & \Rightarrow \text{ Os números são } -11 \text{ e } -9 \\ x = 9 & \Rightarrow \text{ Os números são } 9 \text{ e } 11 \end{cases}$

Resposta: – 11 e – 9 ou 9 e 11

Exemplo 2: A soma dos algarismos de um número de dois algarismos é 9. A razão entre este número e o número obtido trocando-se a ordem dos algarismos é $\dfrac{5}{6}$. Determinar este número.

Resolução:

I) Sendo x o algarismo das dezenas e y o das unidades, o número n será n = 10x + y. Trocando-se a ordem dos algarismos o novo número será n' = 10y + x.

II) $\begin{cases} x + y = 9 \Rightarrow y = 9 - x \\ \dfrac{10x + y}{10y + x} = \dfrac{5}{6} \end{cases} \Rightarrow \dfrac{10x + 9 - x}{10(9 - x) + x} = \dfrac{5}{6} \Rightarrow$

$\dfrac{9x - 9}{90 - 9x} = \dfrac{5}{6} \Rightarrow \dfrac{x + 1}{10 - x} = \dfrac{5}{6} \Rightarrow 6x + 6 = 50 - 5x \Rightarrow$

$11x = 44 \Rightarrow x = 4 \Rightarrow y = 5 \Rightarrow n = 45$

Resposta: 45

Exemplo 3: Um pote contém, misturados, 5 litros gasolina e 8 litros de álcool. Quantos litros de gasolina devemos acrescentar à mistura para que $\dfrac{7}{11}$ da nova mistura seja de gasolina?

Resolução:

A mistura tem 13 litros. Acrescentando x litros de gasolina, teremos:

$5 + x = \dfrac{7}{11}(13 + x) \Rightarrow 55 + 11x = 91 + 7x \Rightarrow 4x = 36 \Rightarrow x = 9$

Resposta: 9 litros

Resp: **22** a) 1 176 b) 439 **23** a) 38 b) 20 ou – 20 c) 3 348 d) 117 e) 8

Exemplo 4:

Tio Tonho tirou uma importância do banco para distribuir entre seus sobrinhos e verificou que se desse R$ 80,00 para cada um, lhe sobrariam R$ 40,00 e se desse R$ 90,00 para cada um, ficaria faltando R$ 130,00. Quantos sobrinhos tem tio Tonho?

Resolução: Sendo C a importância e n o número de sobrinhos, temos:

$C = 80 \cdot n + 40$ e $C = 90 \cdot n - 130 \Rightarrow$

$90n - 130 = 80n + 40 \Rightarrow 10n = 170 \Rightarrow n = 17$ **Resposta:** 17 sobrinhos

Exemplo 5:

Tio José ia dividir R$ 46 400,00 entre seus sobrinhos e na hora da partilha 3 deles abriram mão de suas partes acarretando um aumento de R$ 3480,00 na parte de cada um dos outros. Quantos são os sobrinhos de José?

Resolução: Sendo n o número de sobrinhos de José, temos:

$\dfrac{46\,400}{n-3} = \dfrac{46\,400}{n} + 3480 \Rightarrow \dfrac{4\,640}{n-3} = \dfrac{4\,640}{n} + 348 \Rightarrow$

$\Rightarrow \dfrac{1160}{n-3} = \dfrac{1160}{n} + 87 \Rightarrow \dfrac{40}{n-3} = \dfrac{40}{n} + 3 \Rightarrow 40n = 40(n-3) + 3n(n-3) \Rightarrow$

$\Rightarrow 40n = 40n - 120 + 3n^2 - 9n \Rightarrow 3n^2 - 9n - 120 = 0 \Rightarrow n^2 - 3n - 40 = 0 \Rightarrow$

$\Rightarrow (n-8)(n+5) = 0 \Rightarrow n = 8$ ou $n = -5 \Rightarrow n = 8$ **Resposta:** 8 sobrinhos

Exemplo 6:

Uma torneira gasta 36 min. para encher um tanque e ela e uma segunda torneira juntas gastam 20 min. para encher este tanque. Quanto tempo a segunda torneira gasta para encher este tanque sozinha?

Resolução: Sejam C a capacidade do tanque, V_1 e V_2 as vazões das torneiras e t o tempo que a segunda gasta para encher o tanque sozinha. Então:

$C = V_1 \cdot 36$, $C = V_2 \cdot t$ e $C = (V_1 + V_2) \cdot 20$

$V_1 = \dfrac{C}{36}$, $V_2 = \dfrac{C}{t} \Rightarrow C = \left(\dfrac{C}{36} + \dfrac{C}{t}\right) \cdot 20 \Rightarrow 1 = \left(\dfrac{1}{36} + \dfrac{1}{t}\right) \cdot 20 \Rightarrow$

$\Rightarrow 1 = \dfrac{5}{9} + \dfrac{20}{t} \Rightarrow 9t = 5t + 180 \Rightarrow 4t = 180 \Rightarrow t = 45$ **Resposta:** 45 min.

Exemplo 7:

Junior tem 3 filhos, um com 2 anos, outro com 5 anos e outro com 7 anos e ele vai dividir 280 figurinhas entre eles, em partes diretamente proporcionais às suas idades. Quantas figurinhas receberá cada um?

Resolução: Sejam a, b e c as partes. Então:

$\begin{cases} \dfrac{a}{2} = \dfrac{b}{5} = \dfrac{c}{7} = x \Rightarrow a = 2x, \ b = 5x, \ c = 7x \\ a + b + c = 280 \end{cases}$

$2x + 5x + 7x = 280 \Rightarrow 14x = 280 \Rightarrow x = 20 \Rightarrow a = 40, \ b = 100$ e $c = 140$

Resposta: 40, 100 e 140

Exemplo 8:

Ao pagar uma conta com atraso João pagou 10% de multa e com isto gastou R$ 2200,00 para quitar a conta. Qual era o valor inicial da conta?

Resolução: Sendo x o valor inicial da conta, temos:

$x + 10\%x = 2200 \Rightarrow x + \dfrac{10}{100}x = 2200 \Rightarrow x + \dfrac{x}{10} = 2200 \Rightarrow$

$\Rightarrow x + 0,1x = 2200 \Rightarrow 1,1x = 2200 \Rightarrow 11x = 22000 \Rightarrow$

$\Rightarrow x = 2000$ **Resposta:** R$ 2000,00

Exemplo 9:

Um comerciante vende uma mercadoria por R$ 1800,00 para ter um lucro de 20%. Qual o preço de custo desta mercadoria?

Resolução: Sendo x o preço de custo, temos:

$x + 20\%x = 1800 \Rightarrow x + \dfrac{20}{100}x = 1800 \Rightarrow x + \dfrac{2}{10}x = 1800$

$\Rightarrow x + 0,2x = 1800 \Rightarrow 1,2x = 1800 \Rightarrow 12x = 18000 \Rightarrow 2x = 3000 \Rightarrow$

$\Rightarrow x = 1500$ **Resposta:** R$ 1500,00

Exemplo 10:

Duas mercadorias iguais foram vendidas, uma com um prejuízo de 10% e outra com um lucro de 15%. Se a diferença entre os preços foi de R$ 300,00, qual o custo de cada mercadoria?

Resolução: Sendo x o preço de custo, temos:

$x + 15\%x - (x - 10\%x) = 300 \Rightarrow 15\%x + 10\%x = 300 \Rightarrow$

$\dfrac{15}{100}x + \dfrac{10}{100}x = 300 \Rightarrow \dfrac{25}{100}x = 300 \Rightarrow \dfrac{x}{4} = 300 \Rightarrow x = 1200$

Resposta: R$ 1200,00

Exemplo 11:

Um comerciante remarcou o preço de uma mercadoria, de modo que o novo preço ficou 20% mais barato do que o antigo. Depois de uma semana ele resolve voltar ao preço antigo. Quanto por cento ele deve aumentar o novo preço para voltar ao preço antigo?

Resolução:

1) Sendo x o preço inicial, o novo preço será:

$x - 20\%\ x = 100\%\ x - 20\%x = 80\%\ x = \dfrac{80}{100}x = 0,8x$

2) Seja $\alpha\%$ o aumento que devemos dar a 0,8x para voltarmos para o preço inicial x. Então:

$0,8x + \alpha\%\ (0,8x) x \Rightarrow \dfrac{8}{10} + \alpha\% \dfrac{8}{10} = 1 \Rightarrow$

$\Rightarrow 8 + 8\alpha\% = 10 \Rightarrow 8\alpha\% = 2 \Rightarrow \alpha\% = \dfrac{1}{4} \Rightarrow$

$\alpha\% = 0,25 \Rightarrow \alpha\% = \dfrac{25}{100} \Rightarrow \alpha\% = 25\%$ **Resposta:** 25%

Resp: 24   a) 40   b) 513   c) $n^2 - 2$ d) 8 ou -8 e) 180

25 Resolver:

a) A soma dos quadrados de três números pares positivos consecutivos é 440. Quais são estes números?

b) Um pai tem 44 anos e seu filho 12. Daqui a quantos anos a idade do pai será o dobro da idade do filho?

c) Em um quintal há patos e cachorros num total de 36 cabeças e 78 pernas. Quantos cachorros e quantos patos há no quintal?

d) Tio João vai dividir R$ 640,00 entre 4 sobrinhos em partes proporcionais às idades deles que são 3, 8, 9 e 12 anos. Quanto receberá cada um?

26 Resolver:

a) Toninho vai dividir um número de gibis entre seus colegas da equipe de atletismo. Verificou que se dar 30 a cada um, faltarão 30 gibis e se der 25 a cada um, sobrarão 10 gibis. Quantos gibis Toninho está dividindo?

b) Carlos vai dividir R$ 1050,00 entre seus filhos Antônio, Fernanda e Rodrigo. Antônio vai receber 200 a mais que a metade de Fernanda e Rodrigo 75 a mais que a metade da soma dos dois primeiros. Quanto receberá cada um?

c) Paulo tem três filhos e ele tinha 25, 27 e 30 anos quando seus filhos nasceram. Se hoje a soma das idades dele e de seus filhos é 66 anos, quantos anos tem Paulo?

27 Resolver:

a) A soma dos algarismos de um número de dois algarismos é 12 e ele excede o número obtido, trocando a ordem de seus algarismos em 18. Que número é este?

b) Um número de dois algarismos somado com 2 fica igual ao triplo do número que se obtém trocando a ordem dos algarsimos. Que número é este?

c) O algarismo das unidades de um número de três algarismos é 5. Se subtituirmos o algarismo das centenas por 5, o novo número somado com 305 fica igual ao dobro do número inicial. Que número é este?

28 Mário ia dividir R$ 8 400,00 entre seus primos e na hora da partilha 4 deles abriram mão de suas partes. Com isso cada um recebeu R$ 350,00 a mais do que receberia. Quanto primos tem Mário e quanto recebeu cada um?

29 Guilherme após fazer uma viagem de 980 km percebeu que se a velocidade média fosse 28 km/h a mais do que foi, ele teria gasto 4 horas a menos na viagem. Quantas horas ele gastou na viagem?

30 A vazão de uma torneira é de 10ℓ/min.

a) Quantos litros ela jorra em 1 horas?

b) Quanto tempo ela leva para encher um tanque de 1500 litros?

Resp: **25** a) 10, 12 e 14   b) 20 anos   c) 3 cachorros e 33 patos   d) 60, 160, 180 e 240 reais

26 a) 210 gibis   b) 350, 300 e 400 reais   c) 37 anos

31 Duas torneiras têm vazões de 20ℓ/min e 30ℓ/min.

a) Quanto tempo gasta cada uma para encher um tanque de 1500 litros?

b) Em quanto tempo as duas juntas encherão este tanque de 1500 litros?

32 Resolver:

a) Uma torneira enche um tanque de 300 litros em 15 min. Qual é a sua vazão?

b) Uma torneira enche um tanque com capacidade de C litros em 6 horas e outra enche este mesmo tanque em 8 horas. Determinar, em função de C, a soma das vazões destas torneiras.

c) Uma torneira enche um tanque em 10 horas e outra o enche em 15 horas. Em quantas horas as duas juntas encherão este mesmo tanque?

33 Resolver:

a) Abertas, uma de cada vez, três torneiras gastam 10, 12 e 15 horas para encher um tanque. Abrindo as três torneiras, ao mesmo tempo, dando vazão para o mesmo tanque, em quanto tempo elas o encherão?

---

b) Duas torneiras juntas enchem um tanque em 8h e 24 min. Uma delas, sozinha, enche este tanque em 14 horas. Em quando tempo a outra sozinha encherá este mesmo tanque?

---

34 Um tanque de combustível contém 8 litros de álcool e 18 litros de gasolina. Quantos litros de álcool devemos acrescentar à mistura para que $\frac{3}{5}$ da nova mistura seja de álcool?

Resp: **27** a) 75 b) 82 c) 405 **28** 12 primos, R$ 1 050,00 **29** 14 horas **30** 2h30 min.

35 Transformar em porcentagem:

a) $\dfrac{35}{100} =$ b) $\dfrac{5}{100} =$ c) $\dfrac{125}{100} =$ d) $\dfrac{100}{100} =$

e) $\dfrac{7}{10} =$ f) $\dfrac{13}{20} =$

g) $\dfrac{9}{25} =$ h) $\dfrac{3}{4} =$

36 Transformar em porcentagem:

a) 0,35 =   b) 0,07 =   c) 1,25 =

d) 1 =   e) 0,3 =   f) 30,5 =

37 Transformar em fração decimal e em seguida, simplificar, se for possível:

a) 32% =   b) 35% =   c) 7% =

d) 145% =   e) 1% =   f) 100% =

38 Transformar em número decimal:

a) 15% =   b) 5% =   c) 125% =

d) 80% =   e) 130% =   f) 150% =

39 Resolver:

a) Se 10% dos eleitores não votaram em uma eleição, qual a porcentagem dos eleitores

b) Se 5% dos alunos de uma sala não estavam presentes em uma determinada aula, qual é a

c) Se um aparelho eletrônico custava x e teve um aumento de 20%, ele passou a custar quanto?

d) Se um veículo custava x e o preço caiu 8%, ele passou a custar quanto?

e) Uma mercadoria que custava x teve dois descontos seguidos de 30%. Qual foi o preço após este dois descontos?

40 Resolver:

a) Um produto de preço **x** sofre um aumento de 20% e em seguida outro aumento de 20%. Qual o seu preço final?

b) Uma mercadoria de preço **x** sofre dois aumentos consecutivos de 50%. Qual é o seu preço final?

c) O preço **x** de uma mercadoria sofreu duas quedas seguidas de 50%. Qual o preço final?

d) O preço **a** de um produto sofreu uma queda de 40% e em seguida outra de 35%. Qual o preço final?

e) O preço **y** de uma mercadoria sofre um aumento de 30% e em seguida uma queda de 40%. Qual o preço final?

f) O preço **y** de uma mercadoria sofreu um aumento de 40% e em seguida uma queda de 30%. Qual o preço final?

Resp: **31** a) 75 min e 50 min.   b) 30 min.   **32** a) 20 ℓ/min   b) $\frac{7}{24}$ C   c) 6 horas
33 a) 4 horas   b) 21 horas   **34** 19 litros

41 Resolver:

a) O preço x de uma mercadoria sofre um aumento de 25% e em seguida uma queda de 20%. Qual o preço final?

b) O preço x de uma mercadoria sofre um aumento de 20% e em seguida uma queda de 25%. Qual o preço final?

c) Se um produto custava x e o preço foi para 1,3x, qual foi o aumento porcentual que o produto sofreu?

d) Se um produto custava x e passou a custar 0,8x, qual foi a queda porcentual que o produto sofreu?

42 Escrever diretamente o aumento ou a queda porcentual sofrida pelo produto, nos casos:

a) Custava **x** e passou a custar 1,4 x:

b) Custava **x** e passou a custar 0,9 x:

c) Custava **y** e passou a custar 1,35 y:

d) Custava **a** e passou a custar 4,56 a:

e) Custava **k** e passou a custar 0,05 k:

43 Resolver:

a) Se um produto custava R$ 16,00 e passou a custar R$ 20,00, qual foi o aumento porcentual sofrido pelo produto?

b) Se um produto custava R$ 50,00 e passou a custar R$ 40,00, qual foi a queda porcentual sofrida pelo produto?

c) Se o consumo de água em uma residência subiu, de um mês para o outro, de 28 000 litros para 35 000 litros. Qual foi este aumento porcentual?

d) Por ter usado menos o ar condicionado em um mês do que no anterior, o consumo de energia de uma família foi de 440kWh para 374kWh. Qual foi a queda porcentual do consumo?

e) Ao pagar uma conta de R$ 1450,00 com atraso, João quitou a conta com R$ 1566,00. De quanto por cento foi a multa?

Resp: **35** a) 35% b) 5% c) 125% d) 100% e) 70% f) 65% g) 36% h) 75% **36** a) 35% b) 7% c) 125% d) 100% e) 30% f) 3 050% **37** a) $\frac{8}{25}$ b) $\frac{7}{20}$ c) $\frac{7}{100}$ d) $\frac{19}{10}$ e) $\frac{1}{100}$ f) 1 **38** a) 0,15 b) 0,05 c) 1,25 d) 0,8 e) 1,3 f) 1,5 **39** a) 90% b) 95% c) 1,2x d) 0,92x e) 0,49x **40** a) 1,44x b) 2,25x c) 0,25x d) 0,39a e) 0,78y f) 0,98y

44 O preço do quilo de feijão em um mês foi de R$ 4,00 para R$ 10,00. Qual foi o porcentual do aumento?

45 Um produto subiu 25% em um mês e 15% em outro. Qual foi o aumento em porcentagem?

46 Um mercadoria teve um aumento de 65% e em seguida uma queda de 45%. O que ocorreu, em porcentagem, com o preço desta mercadoria?

47 Os preços anunciados de um fogão e uma geladeira são, respectivamente, R$ 1200,00 e R$ 2800,00. Tendo conseguido um desconto de 12% no preço do fogão e pago R$ 3436,00 na compra das duas mercadorias, qual foi o desconto, por cento, no preço da geladeira?

48 Se x é 30% de y, que porcentagem 20x é de y?

49 Uma loja faturou em dezembro 60% a mais do que faturou em novembro. O faturamento de novembro foi inferior ao de dezembro em quanto por cento?

50 Descontos sucessivios de 20% e 10% equivalem a um único desconto de quanto por cento?

51 Em 2 meses um ação valorizou 32%. Se no 1º mês ela valorizou 20%, quanto ela valorizou no 2º mês?

Resp: **41** a) x   b) 0,9x   c) 30%   d) 20%   **42** a) aumento de 40%   b) queda ele 10%   c) aumento de 35%   d) aumento de 356%   e) queda de 95%   **43** a) 25%   b) 20%   c) 25%   d) 15%   e) 8%

52 (MACK) Um comerciante comprou uma peça de tecido de 50 metros por R$ 1000,00. Se ele vender 20m com lucro de 50%, 20m com lucro de 30% e 10m pelo preço de custo, o seu lucro total na venda dessa peça será de:

a) 8% b) 12% c) 20% d) 32% e) 40%

53 (MACK) O abatimento que se faz sobre R$ 30 000,00 quando se concede um desconto de 20% e, a seguir mais um de 5% é:

a) R$ 5.700,00 b) R$ 6.900,00 c) R$ 7.200,00 d) R$ 7.500,00 e) R$ 9.000,00

54 (MACK) Sobre uma dívida de R$ 60 000,00 obteve-se um desconto de 10% e, sobre o restante, um outro desconto que a reduziu a R$ 43 200,00. O segundo desconto foi de:

a) 80% b) 28% c) 25% d) 20% e) 18%

55 (PUC/SP) Supondo uma taxa de inflação de 20% ao ano, aos preços deverão dobrar em aproximadamente:

a) 1 ano b) 2 anos c) 3 anos d) 4 anos e) 5 anos

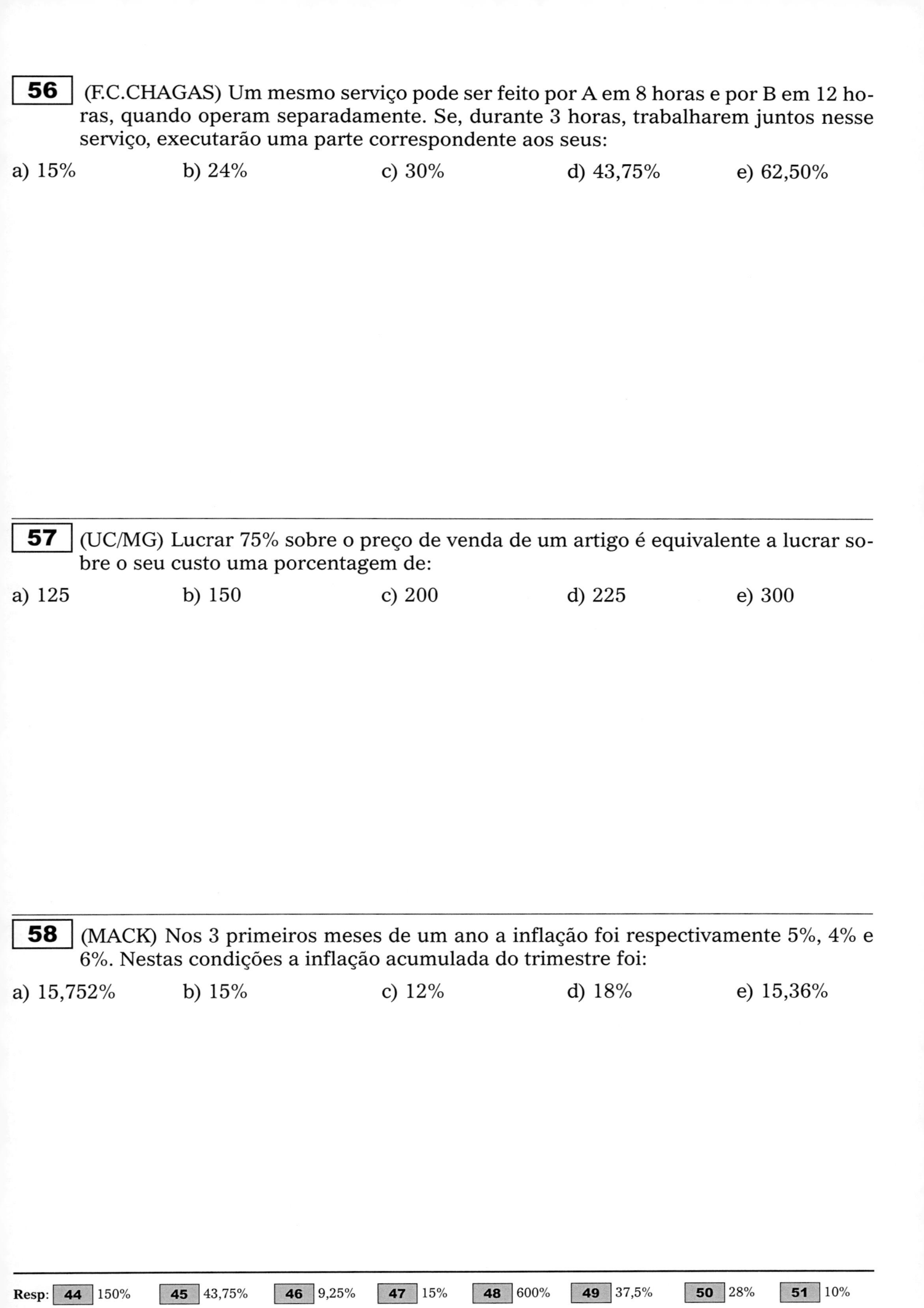

56 (F.C.CHAGAS) Um mesmo serviço pode ser feito por A em 8 horas e por B em 12 horas, quando operam separadamente. Se, durante 3 horas, trabalharem juntos nesse serviço, executarão uma parte correspondente aos seus:

a) 15%   b) 24%   c) 30%   d) 43,75%   e) 62,50%

57 (UC/MG) Lucrar 75% sobre o preço de venda de um artigo é equivalente a lucrar sobre o seu custo uma porcentagem de:

a) 125   b) 150   c) 200   d) 225   e) 300

58 (MACK) Nos 3 primeiros meses de um ano a inflação foi respectivamente 5%, 4% e 6%. Nestas condições a inflação acumulada do trimestre foi:

a) 15,752%   b) 15%   c) 12%   d) 18%   e) 15,36%

II POTENCIAÇÃO

1 – Alguns subconjuntos do conjunto dos números reais **(R)**.

Conjuntos dos números naturais (N)

N = {0, 1, 2, 3, 4, 5, 6, 7, 8, 9, 10, 11, ...}

Conjuntos dos naturais positivos

N* = {1, 2, 3, 4, ...} = N − {0}

(Alguns autores consideram este conjunto N* como conjunto dos naturais)

Conjunto dos números inteiros (Z)

Z = {..., −11, −10, −9, ..., −3, −2, −1, 0, 1, 2, 3, ..., 10, 11, ...}

Note que são inteiros

$\frac{6}{2}=3$, $-\frac{8}{4}=-2$, $\sqrt{25}=5$, $-\sqrt{36}=-6$, $\sqrt[3]{8}=2$, $\sqrt[3]{-8}=-2$

Conjunto dos números primos

{± 2, ± 3, ± 5, ± 7, ± 11, ± 13, ± 17, ± 19, ± 23, ...}

Conjunto dos primos naturais

{2, 3, 5, 7, 11, 13, ...}

Conjunto dos números racionais (Q)

$Q = \left\{x \mid x = \frac{a}{b}, a \in Z, b \in Z^*\right\}$

Exemplos de números racionais:

Os inteiros são racionais: $7 = \frac{7}{1}$, $-3 = -\frac{3}{1}$. Então: Z⊂Q

Os decimais exatos são racionais: $0,6 = \frac{6}{10} = \frac{3}{5}$; $1,5 = \frac{15}{10} = \frac{3}{2}$

Os decimais periódicos são racionais: $0,666... = 0,\overline{6} = \frac{6}{9} = \frac{2}{3}$

Conjunto dos números irracionais (R − Q)

R − Q = {x | x ∈ R ∧ x ∉ Q}

Exemplos de números irracionais:

1) $\sqrt{2}$, $\sqrt{3}$, $\sqrt{5}$, $\sqrt{6}$, $\sqrt{7}$, $\sqrt{8} = 2\sqrt{2}$, $\sqrt{10}$, $\sqrt{11}$, ...

2) $\sqrt[3]{2}$, $\sqrt[3]{-2}$, $\sqrt[3]{3}$, $\sqrt[3]{-3}$, ...

3) $\sqrt[4]{2}$, $\sqrt[4]{3}$, $\sqrt[4]{4} = \sqrt{2}$, $\sqrt[4]{5}$, ...

4) π = 3,14159 ... (Não é periódico)

5) e = 2,718 ... (Número de Euler) (Não é periódico)

Resp: 52 D 53 C 54 D 55 D 56 E 57 E 58 A

59 Decompondo o número maior em parcelas convenientes e aplicando a propriedade distributiva mentalmente, determinar os seguintes produtos.

Obs.: Olhar o item (a).

a) $5 \cdot 17 = 5 \cdot 10 + 5 \cdot 7 = 85$

b) $7 \cdot 12 =$

c) $8 \cdot 15 =$

d) $5 \cdot 18 =$

e) $8 \cdot 17 =$

f) $5 \cdot 19 =$

g) $6 \cdot 18 =$

h) $8 \cdot 18 =$

i) $6 \cdot 32 =$

j) $5 \cdot 34 =$

k) $8 \cdot 23 =$

l) $9 \cdot 54 =$

60 Escrever os números primos naturais que

a) são menores que 20 : {

b) estão entre 20 e 60 : {

61 Escrever os números primos que estão entre – 18 e 18.

62 Escrever os múltiplos positivos menores que 100 do número dado nos casos:

a) 12 : (

b) 13 : (

c) 14 : (

d) 15 : (

e) 16 : (

f) 17 : (

g) 18 : (

h) 19 : (

Múltiplos positivos menores que 200:

i) 23 : (

j) 29 : (

k) 31 : (

63 Cada número composto dado é o produto de dois números primos positivos. Escrever a multiplicação correspondente:

a) 15 =	21 =	14 =	22 =
b) 33 =	39 =	35 =	65 =
c) 26 =	46 =	34 =	38 =
d) 51 =	57 =	85 =	95 =
e) 91 =	119 =	133 =	143 =

64 Determinar os seguintes produtos:

a) 5 · 13 =	7 · 13 =	3 · 17 =	5 · 17 =
b) 3 · 19 =	5 · 19 =	7 · 19 =	7 · 17 =
c) 3 · 23 =	5 · 23 =	7 · 23 =	11 · 17 =

65 Determinar os seguintes produtos:

a) 2 · 2 · 2 · 2 · 2 =	3 · 3 · 3 · 3 · 3 =
b) 5 · 5 · 5 · 5 =	5 · 5 · 5 · 5 · 5 =
c) 7 · 7 · 7 =	3 · 3 · 3 · 3 · 3 · 3 =
d) 4 · 4 · 4 =	6 · 6 · 6 =
e) 4 · 4 · 4 · 4 =	6 · 6 · 6 · 6 =

66 Efetuar:

a) 4 · 13 =	4 · 17 =	4 · 19 =	4 · 21 =
b) 9 · 13 =	9 · 17 =	9 · 19 =	9 · 21 =
c) 16 · 3 =	16 · 5 =	16 · 7 =	16 · 11 =
d) 25 · 2 =	25 · 3 =	25 · 5 =	25 · 7 =
e) 36 · 2 =	36 · 3 =	36 · 5 =	36 · 7 =
f) 2 · 18 =	3 · 18 =	4 · 18 =	5 · 18 =
g) 2 · 24 =	3 · 24 =	4 · 24 =	5 · 24 =
h) 4 · 36 =	8 · 18 =	9 · 16 =	6 · 24 =
i) 4 · 12 =	5 · 12 =	6 · 12 =	7 · 12 =
j) 4 · 16 =	6 · 16 =	8 · 12 =	9 · 12 =
k) 8 · 16 =	4 · 15 =	5 · 15 =	6 · 15 =

2 – Potência

Definição

Para $n \in N$ e $a \in R^*$, define-se:

$$\begin{cases} a^0 = 1 \\ a^{n+1} = a^n \cdot a \end{cases}$$

Para $a = 0$ e $n \in N^*$, $0^n = 0$

Consequências da definição

$a^1 = a$

$a^n = \underbrace{a \cdot a \cdot a \cdot \ldots a}_{n \text{ fatores}}$ $(n > 1)$

$\boxed{a^n = \text{potência de base } \mathbf{a} \text{ e expoente } \mathbf{n}}$

Para $a \in R^*$ e $n \in N$, define-se: $a^{-n} = \dfrac{1}{a^n}$

Exemplos:

1) $5^0 = 1$, $5^1 = 5$, $5^2 = 5 \cdot 5 = 25$, $5^3 = 5 \cdot 5 \cdot 5 = 125$, $5 \cdot 5 \cdot 5 \cdot 5 = 625$

2) $(-147)^0 = 1$, $\left(\dfrac{2}{3}\right)^1 = \dfrac{2}{3}$, $(-3)^1 = -3$, $(-3)^2 = (-3)(-3) = 9$

3) $(-2)^3 = (-2)(-2)(-2) = -8$, $(-2)^4 = (-2)(-2)(-2)(-2) = 16$

4) $-5^2 = -(5^2) = -(5 \cdot 5) = -25$, $-7^2 = -(7 \cdot 7) = -49$, $-1^{20} = -1$, $(-1)^{20} = 1$

5) $\left(-\dfrac{2}{3}\right)^3 = \left(-\dfrac{2}{3}\right)\left(-\dfrac{2}{3}\right)\left(-\dfrac{2}{3}\right) = -\dfrac{8}{27}$, $3^{-2} = \dfrac{1}{3^2} = \dfrac{1}{9}$, $\dfrac{1}{7^{-2}} = 7^2 = 49$

6) $-3^{-2} = -(3^{-2}) = -\dfrac{1}{3^2} = -\dfrac{1}{9}$, $(-3)^{-2} = \dfrac{1}{(-3)^2} = \dfrac{1}{9}$, $(-3)^{-3} = \dfrac{1}{(-3)^3} = \dfrac{1}{-27} = -\dfrac{1}{27}$

67 Determinar as potências:

a) $7^0 =$	$8^1 =$	$2^3 =$	$5^3 =$
b) $10^3 =$	$11^2 =$	$(-8)^2 =$	$(-9)^2 =$
c) $-6^2 =$	$(-6)^2 =$	$(-1)^7 =$	$(-1)^8 =$
d) $2^{-2} =$	$3^{-2} =$	$5^{-2} =$	$2^{-3} =$
e) $\left(\dfrac{3}{4}\right)^2 =$	$\left(-\dfrac{5}{7}\right)^2 =$	$\left(\dfrac{4}{9}\right)^2 =$	$\left(-\dfrac{3}{5}\right)^3 =$
f) $(-5)^2 =$	$(-5)^3 =$	$-5^2 =$	$-5^3 =$
g) $-2^{-4} =$	$(-2)^{-4} =$	$-3^{-4} =$	$(-3)^{-4} =$
h) $-1^{-20} =$	$-5^{-3} =$	$(-6)^{-3} =$	$(-5)^{-4} =$

3 – Potenciação (Propriedades)

Se os números em questão satisfazem as condições da definição, tem-se:

$$a^m \cdot a^n = a^{m+n}$$

$$a^m \cdot a^n \cdot a^p = a^{m+n+p}$$

$$a^m : a^n = a^{m-n}$$

$$\frac{a^m}{a^n} = a^{m-n}$$

$$(a^n)^m = a^{n \cdot m}$$

$$(a \cdot b)^n = a^n \cdot b^n$$

$$(a \cdot b \cdot c)^n = a^n \cdot b^n \cdot c^n$$

$$\left(\frac{a}{b}\right)^n = \frac{a^n}{b^n}$$

$$\left(\frac{a}{b}\right)^{-n} = \left(\frac{b}{a}\right)^n$$

Exemplos:

1) $5^7 \cdot 5^3 = 5^{7+3} = 5^{10}$, $5^{-8} \cdot 5^{15} = 5^{-8+15} = 5^7$, $a^6 \cdot a^{-2} = a^{6+(-2)} = a^{6-2} = a^4$

2) $7^{-3} \cdot 7^{-4} = 7^{-3+(-4)} = 7^{-3-4} = 7^{-7} = \frac{1}{7^7}$, $a^5 \cdot a^{-7} = a^{5+(-7)} = a^{-2} = \frac{1}{a^2}$

3) $5^7 : 5^2 = 5^{7-2} = 5^5$, $a^6 : a^{-2} = a^{6-(-2)} = a^8$, $x^{-5} : x^{-8} = x^{-5-(-8)} = x^3$

4) $(5^3)^7 = 5^{3 \cdot 7} = 5^{21}$, $(a^3 b^4)^2 = (a^3)^2 \cdot (b^4)^2 = a^6 \cdot b^8$

5) $\left(\frac{a^2}{b^3}\right)^5 = \frac{(a^2)^5}{(b^3)^5} = \frac{a^{10}}{b^{15}}$, $\left(\frac{3}{2}\right)^{-4} = \left(\frac{2}{3}\right)^4 = \frac{16}{81}$, $\left(-\frac{19}{11}\right)^{-2} = \left(-\frac{11}{19}\right)^2 = \frac{121}{361}$

6) $(a^4)^2 = a^{4 \cdot 2} = a^8$, $(a^2)^5 = a^{2 \cdot 5} = a^{10}$, $[(a^3)^2]^5 = a^{3 \cdot 2 \cdot 5} = a^{30}$

7) $a^{4^2} = a^{(4^2)} = a^{16}$, $a^{2^5} = a^{(2^5)} = a^{32}$

8) $(0,3)^2 = 0,09$, $(-0,5)^4 = 0,0625$

9) $\left(-\frac{3}{5}\right)^{-3} = \left(-\frac{5}{3}\right)^3 = \left(-\frac{5}{3}\right)\left(-\frac{5}{3}\right)\left(-\frac{5}{3}\right) = -\frac{125}{27}$, $\left(\frac{b^{-2}}{a^{-1}}\right)^{2^3} = \left(\frac{a}{b^2}\right)^{(2^3)} = \left(\frac{a}{b^2}\right)^8 = \frac{a^8}{b^{16}}$

10º) $(-3a^2b^3)(-2a^3b) = 6a^5b^4$, $(-2a^2b)(-3ab^3)(4a^2b^5) = 24a^5b^9$

11º) $(-12a^5b^3c) : (-3a^2bc) = 4a^3b^2$, $(-51a^7b^5c) : (3a^2b^{-1}) = -17a^5b^6c$

12º) $3a^2b(2a^3 - 3a^2b + ab^2) = 6a^5b - 9a^4b^2 + 3a^3b^3$

Resp: **59** a) 85   b) 84   c) 120   d) 90   e) 136   f) 95   g) 108   h) 144   i) 192   j) 170   k) 184   l) 486

60 a) {2, 3, 5, 7, 11, 13, 17, 19}   b) {23, 29, 31, 37, 41, 43, 47, 53, 59}   **61** {± 2, ± 3, ± 5, ± 7, ± 11, ± 13, ± 17}

62 a) (12, 24, 36, 48, 60, 72, 84, 96)   b) (13, 26, 39, 52, 65, 78, 91)   c) (14, 28, 42, 56, 70, 84, 98)   d) (15, 30, 45, 60, 75, 90)
e) (16, 32, 48, 64, 80, 96)   f) (17, 34, 51, 68, 85)   g) (18, 36, 54, 72, 90)   h) (19, 38, 57, 76, 95)
i) (23, 46, 69, 92, 115, 138, 161, 184)   j) (29, 58, 87, 116, 145, 174)   k) (31, 62, 93, 124, 155, 186)

63 a) 3·5, 3·7, 2·7, 2·11   b) 3·11, 3·13, 5·7, 5·13   c) 2·13, 2·23, 2·17, 2·19   d) 3·17, 3·19, 5·17, 5·19
e) 7·13, 7·17, 7·19, 11·13   **64** a) 65, 91, 51, 85   b) 57, 95, 133, 119   c) 69, 115, 161, 187

65 a) 32, 243   b) 625, 3125   c) 343, 729   d) 64, 216   e) 256, 1296   **66** a) 52, 68, 76, 84
b) 117, 153, 171, 189   c) 48, 80, 112, 176   d) 50, 75, 125, 175   e) 72, 108, 180, 252
f) 36, 54, 72, 80   g) 48, 72, 96, 120   h) 144, 144, 144, 144
i) 48, 60, 72, 84   j) 64, 96, 96, 108   k) 128, 60, 75, 90

68 De acordo com as propriedades, simplificar as expressões:

a) $5^5 \cdot 5^3 =$	$a^3 \cdot a^7 \cdot a =$	$a \cdot a^3 \cdot a^5 =$
b) $a^{-1} \cdot a^7 =$	$a^{-3} \cdot a^{-4}$	$a^9 \cdot a^{-2}$
c) $a^7 : a^2 =$	$a^2 : a^7 =$	$a^{-5} : a^2 =$
d) $a^5 : a^{-2} =$	$a^{-5} : a^{-2} =$	$a^{-2} : a^{-5} =$
e) $(a^9 : a^2) : a^3$	$a^{12} : (a^3 : a^{-2})$	$a^{-2} : (a^3 : a^9)$
f) $(a^{10} \cdot a^{-3}) : a^{-2}$	$(a^{-5} \cdot a^6) : a^{-4}$	$a^{-9} : (a^7 : a^{-2})$

69 Simplificar:

a) $(a^3)^4 =$	$(a^{-2})^{-4} =$	$((a^2)^3)^4 =$
b) $(a^2 \cdot b^3)^4 =$	$(a^3 \cdot b^{-2})^3 =$	$(a^{-5} \cdot b^6)^2 =$
c) $\left(\dfrac{a^2}{b^3}\right)^4 =$	$\left(\dfrac{a^3}{b^2}\right)^{-2} =$	$\left(\dfrac{a^{-3}}{b^{-2}}\right)^2 =$
d) $(a^5)^2 =$	$a^{5^2} =$	$a^{2^5} =$
e) $a^{4^2} : (a^4)^2 =$	$a^{3^4} : a^{4^3} =$	$(a^5)^3 : a^{5^3} =$

70 Simplificar as expressões:

a) $2a^2(3a^3b)(4ab^2)$	b) $-2a^3b^2c(-3a^2b^2c^3)(abc)$
c) $(16a^7b^5) : (2a^5b)$	d) $-81a^{-5}b^3 : (-27a^{-7}b^{-2})$
e) $(48a^5b^2) : (16a^2b)$	f) $(-81a^6b^3c) : (-27a^5b^2c)$
g) $3ab(2a^2b - 3ab^2)$	h) $(12x^6y^4 - 18x^5y^3) : (6x^3y)$
i) $[a^3b^4c^5 : (a^2b^3)] : (a^{-2}b^{-1}c)$	j) $(a^{-3}b^5) : [a^{-3}bc : (ab^2c^3)]$

71 Decompor em fatores primos e dar a resposta na forma de potências cujas bases são primos:

a) 180 | b) 900 | c) 1080 | d) 392

72 Escrever como potências cujas bases são primos:

a) $(2^5 \cdot 3^2)^2 \cdot (2^3 \cdot 3^4)^3 =$

b) $(2^{-3} \cdot 3^{-2})^2 \cdot (2^4 \cdot 3^3)^3 =$

c) $(4 \cdot 9 \cdot 25)^2 (49)^3 =$

d) $4^2 \cdot 8^3 \cdot 16^2 \cdot 32^3 =$

e) $(4^2 \cdot 9^3)^2 : (81^3 \cdot 8^2)^4 =$

f) $\dfrac{125^{-3} : 27^{-2}}{25^6 : 81^3} =$

g) $10^2 \cdot 100^3 \cdot 1000^4 \cdot 10000^5$

h) $(343^2 \cdot 243^3) : (49^{-2} \cdot 81^{-3})$

i) $[(128)^{-3} \cdot (1024)^3] : 256^{-3}$

j) $(625^3 \cdot 27^{-3}) : (25^{-3} : 81^{-2})$

Resp: 67 a) 1, 8, 8, 125   b) 100, 121, 64, 81   c) −36, 36, −1, 1   d) $\dfrac{1}{4}, \dfrac{1}{9}, \dfrac{1}{25}, \dfrac{1}{8}$ e) $\dfrac{9}{16}, \dfrac{25}{49}, \dfrac{16}{81}, -\dfrac{27}{125}$

f) 25, −125, −25, −125   g) $-\dfrac{1}{16}, \dfrac{1}{16}, -\dfrac{1}{81}, \dfrac{1}{81}$ h) $-1, -\dfrac{1}{125}, -\dfrac{1}{216}, \dfrac{1}{625}$

73 Escrever na forma de número decimal a fração decimal dada, nos casos:

a) $\dfrac{7}{10} =$ $\qquad$ $\dfrac{13}{10} =$ $\qquad$ $\dfrac{9}{100} =$

b) $\dfrac{17}{100} =$ $\qquad$ $\dfrac{3}{1000} =$ $\qquad$ $\dfrac{13}{10000} =$

c) $\dfrac{1}{10} =$ $\qquad$ $\dfrac{1}{100} =$ $\qquad$ $\dfrac{1}{10000} =$

74 Escrever na forma de fração decimal o número decimal dado, nos casos:

a) $0,3 =$ $\qquad$ $0,07 =$ $\qquad$ $1,53 =$

b) $0,15 =$ $\qquad$ $0,015 =$ $\qquad$ $0,0015 =$

c) $12,6 =$ $\qquad$ $0,126 =$ $\qquad$ $0,0125 =$

75 Escrever na forma de fração ordinária, simplificando ao máximo:

a) $0,8 =$ $\qquad$ $0,25 =$

b) $0,36 =$ $\qquad$ $0,75 =$

c) $0,125 =$ $\qquad$ $0,0625 =$

76 Transformar em número decimal:

a) $\dfrac{3}{5} =$ $\qquad$ $\dfrac{7}{20} =$

b) $\dfrac{17}{50} =$ $\qquad$ $\dfrac{19}{25} =$

c) $\dfrac{19}{125} =$ $\qquad$ $\dfrac{9}{125} =$

d) $\dfrac{3}{4} =$ $\qquad$ $\dfrac{3}{8} =$

e) $\dfrac{5}{16} =$ $\qquad$ $\dfrac{3}{40} =$

77 Efetuar (dar a resposta na forma de número decimal):

a) $0,325 + 7,68$ $\qquad$ $12,61 + 0,99 =$ $\qquad$ b) $13,47 - 0,293$ $\qquad$ $2,31 - 1,982$

78 Determinar:

a) $(0,5) \cdot (0,7) =$

b) $0,2 \cdot (0,19) =$

c) $5 \cdot (0,25) =$

$0,3 \cdot (0,12) =$

$0,4 \cdot (0,013) =$

$6 \cdot (0,36) =$

79 Determinar (olhar o exemplo):

a) $(3,6) \div 3 =$

$\dfrac{3,6}{3,0} = \dfrac{36}{30} = \dfrac{12}{10} = 1,2$

$4,8 \div 4 =$

b) $0,48 \div 8 =$

$0,48 \div 0,6 =$

c) $0,54 \div 1,8 =$

$0,54 \div 0,18 =$

d) $0,54 \div 18 =$

$0,051 \div 0,17 =$

e) $5,1 \div 17 =$

$0,91 \div 0,13 =$

f) $9,1 \div 13 =$

$9,1 \div 1,3 =$

g) $0,108 \div 3,6 =$

$0,8 \div 0,2 =$

h) $0,057 \div 0,19 =$

$0,0057 \div 0,3 =$

i) $0,119 \div 7 =$

$1,19 \div 1,7 =$

Resp:

68 a) 5^8, a^{11}, a^9 b) a^6, a^{-7}, a^7 c) a^5, a^{-5}, a^{-7} d) a^7, a^{-3}, a^3 e) a^4, a^7, a^4 f) a^9, a^5, a^{-18}

69 a) a^{12}, a^8, a^{24} b) $a^8 \cdot b^{12}$, $a^9 \cdot b^{-6}$, $a^{-10} \cdot b^{12}$ c) $\dfrac{a^8}{b^{12}} = a^8 \cdot b^{-12}$, $\dfrac{b^4}{a^6} = b^4 \cdot a^{-6}$, $\dfrac{b^4}{a^6} = b^4 \cdot a^{-6}$ d) a^{10}, a^{25}, a^{32} e) a^8, a^{17}, a^{-110}

70 a) $24a^6b^3$ b) $6a^6b^5c^5$ c) $8a^2b^4$ d) $3a^2b^5$ e) $3a^3b$ f) $3ab$ g) $6a^3b^2 - 9a^2b^3$ h) $2x^3y^3 - 3x^2y^2$ i) $a^3b^2c^4$ j) ab^6c^2

71 a) $2^2 \cdot 3^2 \cdot 5$ b) $2^2 \cdot 3^2 \cdot 5^2$ c) $2^3 \cdot 3^3 \cdot 5$ d) $2^3 \cdot 7^2$ **72** a) $2^{19} \cdot 3^{16}$ b) $2^6 \cdot 3^5$ c) $2^4 \cdot 3^4 \cdot 5^4 \cdot 7^6$ d) 2^{36}

e) $2^{-16} \cdot 3^{-36}$ f) $3^{18} \cdot 5^{-21}$ g) $2^{40} \cdot 5^{40}$ h) $3^{27} \cdot 7^{10}$ i) 2^{33} j) $3^{-17} \cdot 5^{18}$

80 Determinar:

a) $0,0042 \cdot 1000 =$

b) $0,00123 \cdot 10000 =$

c) $372,4 \div 100 =$

d) $3,2 \div 1000 =$

$0,0327 \cdot 100 =$

$0,00043 \cdot 100000 =$

$5200 \div 1000 =$

$0,13 \div 10 =$

81 Escrever na forma de potência de base 10:

a) $100 =$

b) $10000 =$

$1000 =$

$100000 =$

$1 =$

$1\,000\,000 =$

82 Escrever na forma de potência de base 10:

a) $\dfrac{1}{10^2} =$

b) $\dfrac{1}{10^{-3}} =$

c) $\dfrac{1}{100} =$

d) $0,001 =$

$\dfrac{1}{10^5} =$

$\dfrac{1}{10^{-1}} =$

$\dfrac{1}{1000} =$

$0,01 =$

$\dfrac{1}{10} =$

$\dfrac{1}{10^{-8}} =$

$\dfrac{1}{10000} =$

$0,1 =$

83 Escrever na forma de potência de base 10:

a) $\dfrac{1}{0,001} =$

b) $\dfrac{1}{0,0001} =$

$\dfrac{1}{0,01} =$

$\dfrac{1}{0,1} =$

84 Escrever como potência de base 10:

a) $\left[10^4 (0,01)^{-3} \cdot \left(\dfrac{1}{0,01} \right)^{-8} \cdot \dfrac{0,01}{10^{-5}} \right] \div \left[\dfrac{10^{-5}}{0,0001} \cdot \left(\dfrac{0,01}{10^{-3}} \right)^{-4} \right]$

85 Multiplicar por uma potência de base 10, tornando a sentença verdadeira, nos casos:

a) $50000 = 5 \cdot$

b) $0,0007 = 7 \cdot$

c) $0,00632 = 6,32 \cdot$

d) $1250000 = 1,25 \cdot$

$1200 = 1,2 \cdot$

$0,0345 = 3,45 \cdot$

$6320000 = 6,32 \cdot$

$0,00125 = 1,25 \cdot$

86 Escrever na forma de multiplicação de um número inteiro não múltiplo de 10 por uma potência de base 10 o número dado, nos casos:

a) $500000 =$

b) $0,000021 =$

c) $305000 =$

d) $0,001052 =$

e) $0,0007 \cdot 10^8 =$

f) $130000 \cdot 10^{20} =$

$630000000 =$

$0,001035 =$

$21000000 =$

$0,0000103 =$

$0,0071 \cdot 10^{-5} =$

$120000 \cdot 10^{-8} =$

87 Escrever como multiplicação de um número, com um número não nulo de apenas um algarismo à esquerda da vírgula, por uma potência de base 10, o número dado, nos casos:

a) $234000 =$

b) $0,000000347 =$

c) $345000 \cdot 10^7 =$

d) $0,000000002 \cdot 10^{12} =$

e) $51200000 \cdot 10^{-20} =$

f) $113\,000000 : 10^5 =$

g) $0,00000000314 : 10^6 =$

$314000000000 =$

$0,000000000125 =$

$61234000000 \cdot 10^{-5} =$

$0,00000013 \cdot 10^{-6} =$

$0,000000122 \cdot 10^{12} =$

$278000000000 : 10^{-4} =$

$0,0000000027 : 10^{-20} =$

Resp: **73** a) 0,7 ; 1,3 ; 0,09   b) 0,17 ; 0,003 ; 0,0013   c) 0,1 ; 0,01 ; 0,0001   **74** a) $\frac{3}{10}, \frac{7}{100}, \frac{153}{100}$ b) $\frac{15}{100}, \frac{15}{1000}, \frac{15}{10000}$ c) $\frac{126}{10}, \frac{126}{1000}, \frac{125}{10000}$ **75** a) $\frac{4}{5}, \frac{1}{4}$ b) $\frac{9}{25}, \frac{3}{4}$ c) $\frac{1}{8}, \frac{1}{16}$ **76** a) 0,6 ; 0,35   b) 0,34 ; 0,76   c) 0,152 ; 0,072   d) 0,75 ; 0,375   e) 0,3125 ; 0,075   **77** a) 8,005 ; 13,6   b) 13,177 ; 0,328   **78** a) 0,35 ; 0,036   b) 0,038 ; 0,0052   c) 1,25 ; 2,16   **79** a) 1,2 ; 1,2   b) 0,06 ; 0,8   c) 0,3 ; 3   d) 0,03 ; 0,3   e) 0,3 ; 7   f) 0,7 ; 7   g) 0,03 ; 4   h) 0,3 ; 0,019   i) 0,017 ; 0,7

III RADICIAÇÃO

1 – Definição

1º caso

n é natural ímpar e **a** e **b** são reais quaisquer.

$$b^n = a \Leftrightarrow \sqrt[n]{a} = b$$

2º caso

n é natural par positivo e **a** e **b** são reais não negativos.

$$b^n = a \Leftrightarrow \sqrt[n]{a} = b$$

Consequências da definição

1) $\sqrt[1]{a} = a$

2) Para **n** ímpar: $\sqrt[n]{a^n} = a$

3) Para **n** par positivo: $\sqrt[n]{a^n} = \begin{cases} a \text{ se } a \geq 0 \\ -a \text{ se } a < 0 \end{cases}$

Exemplos:

1) $\sqrt[3]{8} = 2$, $\sqrt[3]{-8} = -2$, $\sqrt{16} = 4$, $\sqrt{-16} \notin R$

2) $\sqrt[7]{2^7} = 2$, $\sqrt[7]{-2^7} = -2$, $\sqrt[8]{-2^8} \notin R$, $\sqrt[8]{(-2)^8} = \sqrt[8]{2^8} = 2$

88 Determinar, se for número real, as seguintes raízes:

a) $\sqrt[3]{27} =$	$\sqrt[3]{-27} =$	$\sqrt{25} =$	$\sqrt{-25} =$
b) $\sqrt[5]{2^5} =$	$\sqrt[9]{-2^9} =$	$\sqrt[4]{-2^4} =$	$\sqrt[4]{(-2)^4} =$
c) $\sqrt[3]{64} =$	$\sqrt[3]{-64} =$	$\sqrt{121} =$	$\sqrt{144} =$
d) $\sqrt[3]{125} =$	$\sqrt[3]{-125} =$	$\sqrt[4]{16} =$	$\sqrt[4]{-16} =$
e) $\sqrt[4]{625} =$	$\sqrt[4]{-625} =$	$\sqrt[5]{243} =$	$\sqrt[5]{-243} =$
f) $\sqrt[7]{1} =$	$\sqrt[7]{-1} =$	$\sqrt[6]{1} =$	$\sqrt[6]{-1} =$
g) $\sqrt[7]{0} =$	$\sqrt[7]{-0} =$	$\sqrt[6]{0} =$	$\sqrt[6]{-0} =$
h) $\sqrt[4]{(-3)^4} =$	$\sqrt[4]{-3^4} =$	$\sqrt[5]{-32} =$	$\sqrt[5]{32} =$
i) $\sqrt[6]{64} =$	$\sqrt{169} =$	$\sqrt{196} =$	$\sqrt{225} =$
j) $\sqrt{256} =$	$\sqrt{289} =$	$\sqrt{324} =$	$\sqrt{361} =$

2 – Propriedades

Se os números reais em questão satisfazem as condições da definição, são válidas as propriedades:

$$\sqrt[n]{a} \cdot \sqrt[n]{b} = \sqrt[n]{ab} \qquad (\sqrt[n]{a} \cdot \sqrt[n]{b} \cdot \sqrt[n]{c} = \sqrt[n]{a \cdot b \cdot c})$$

$$\frac{\sqrt[n]{a}}{\sqrt[n]{b}} = \sqrt[n]{\frac{a}{b}} \qquad \sqrt[n]{a^m} = \sqrt[np]{a^{mp}}$$

$$(\sqrt[n]{a})^m = \sqrt[n]{a^m} \qquad \sqrt[n]{\sqrt[m]{a}} = \sqrt[n \cdot m]{a}$$

Exemplos:

1) $\sqrt[7]{2^5} \cdot \sqrt[7]{2^2} = \sqrt[7]{2^5 \cdot 2^2} = \sqrt[7]{2^7} = 2, \quad \sqrt[5]{2} \cdot \sqrt[5]{3} = \sqrt[5]{2 \cdot 3} = \sqrt[6]{6}$

2) $\dfrac{\sqrt[6]{2^5}}{\sqrt[6]{2^2}} = \sqrt[6]{\dfrac{2^5}{2^2}} = \sqrt[6]{2^3} = \sqrt[6:3]{2^{3:3}} = \sqrt[2]{2^1} = \sqrt{2}, \quad \sqrt[5]{12} : \sqrt[5]{2} = \sqrt[5]{12:2} = \sqrt[5]{6}$

3) $(\sqrt[8]{3})^6 = \sqrt[8]{3^6} = \sqrt[8:2]{3^{6:2}} = \sqrt[4]{3^3}$

4) $\sqrt[3]{\sqrt{8}} = \sqrt[3 \cdot 2]{8} = \sqrt[3 \cdot 2]{2^3} = \sqrt[2]{2^1} = \sqrt{2}$

5) $\sqrt[3]{2^3 \cdot 3^3 \cdot 5} = \sqrt[3]{2^3} \cdot \sqrt[3]{3^3} \cdot \sqrt[3]{5} = 2 \cdot 3 \cdot \sqrt[3]{5} = 6\sqrt[3]{5}$. Tiramos fatores do radicando.

6) $\sqrt[5]{2^5 \cdot 3^5 \cdot 7} = 2 \cdot 3 \cdot \sqrt[5]{7} = 6\sqrt[5]{7}$. Tiramos fatores do radicando.

7) $\sqrt[3]{2^6 \cdot 3^3 \cdot 5^{15} \cdot 7} = 2^2 \cdot 3 \cdot 5^5 \cdot \sqrt[3]{7}, \quad \sqrt[3]{2^6 \cdot 3^3 \cdot 5} = 2^2 \cdot 3\sqrt[3]{5} = 12\sqrt[3]{5}$

8) $2^2 \sqrt[5]{3} = \sqrt[5]{2^{10}} \cdot \sqrt[5]{3} = \sqrt[5]{2^{10} \cdot 3}$. Introduzimos fator no radicando.

9) $2^3 \cdot 3\sqrt[5]{7} = \sqrt[5]{2^{15} \cdot 3^5 \cdot 7}$. Introduzimos fatores no radicando.

10) $\sqrt[7]{2^3\sqrt{2}} = \sqrt[7]{\sqrt{2^6} \cdot \sqrt{2}} = \sqrt[7]{\sqrt{2^6 \cdot 2}} = \sqrt[14]{2^7} = \sqrt{2}$

89 Simplificar as expressões:

a) $\sqrt[6]{2^2} =$	$\sqrt[14]{2^8} =$	$\sqrt[20]{2^{15}} =$
b) $\sqrt[5]{2^{10}} =$	$\sqrt[3]{2^9} =$	$\sqrt{5^4} =$
c) $\sqrt[3]{2^3 \cdot 5} =$	$\sqrt[5]{3^5 \cdot 2} =$	$\sqrt[7]{3 \cdot 5^7} =$
d) $\sqrt[4]{2 \cdot 5^8} =$	$\sqrt[5]{3^{10} \cdot 5} =$	$\sqrt{2^6 \cdot 3} =$

Resp: **80** a) 4,2 ; 3, 27   b) 12,3 ; 43   c) 3,724 ; 5,2   d) 0,0032 ; 0,013   **81** a) 10^2, 10^3, 10^0 b) 10^4, 10^5, 10^6

82 a) 10^{-2}, 10^{-5}, 10^{-1} b) 10^3, 10, 10^8 c) 10^{-2}, 10^{-3}, 10^{-4} d) 10^{-3}, 10^{-2}, 10^{-1} **83** a) 10^3, 10^2 b) 10^4, 10

84 10^2 **85** a) 10^4, 10^3 b) 10^{-4}, 10^{-2} c) 10^{-3}, 10^6 d) 10^6, 10^{-3} **86** a) $5 \cdot 10^5$, $63 \cdot 10^7$

b) $21 \cdot 10^{-6}$, $1035 \cdot 10^{-6}$ c) $305 \cdot 10^3$, $21 \cdot 10^{-6}$ d) $1052 \cdot 10^{-6}$, $103 \cdot 10^{-7}$ e) $7 \cdot 10^4$, $71 \cdot 10^{-9}$ f) $13 \cdot 10^{24}$, $12 \cdot 10^{-4}$

87 a) $2,34 \cdot 10^5$; $3,14 \cdot 10^{11}$ b) $3,47 \cdot 10^{-7}$; $1,25 \cdot 10^{-10}$ c) $3,45 \cdot 10^{12}$; $6,1234 \cdot 10^5$ d) $2 \cdot 10^3$; $1,3 \cdot 10^{-13}$

e) $5,12 \cdot 10^{-13}$; $1,22 \cdot 10^5$ f) $1,13 \cdot 10^3$; $2,78 \cdot 10^{15}$ g) $3,14 \cdot 10^{-15}$; $2,7 \cdot 10^{11}$

90 De acordo com as propriedades, simplificar as expressões:

a) $\sqrt[3]{\sqrt[4]{5}} =$

b) $(\sqrt[3]{5})^3 =$

$\sqrt{\sqrt[3]{\sqrt{2}}} =$

$(\sqrt[4]{5})^2 =$

$\sqrt[5]{\sqrt{\sqrt{3}}} =$

$(\sqrt[3]{5})^6 =$

91 Admitindo que as bases literais são números reais positivos, simplificar as expressões:

a) $\sqrt[4]{a^4 b} =$

b) $\sqrt[3]{a^4} =$

c) $\sqrt[3]{a^8} =$

d) $\sqrt[5]{2^5 \cdot 3^5 \cdot 5} =$

$\sqrt[5]{a^{10} \cdot b} =$

$\sqrt[5]{a^7} =$

$\sqrt[4]{a^{15}} =$

$\sqrt[3]{2^3 \cdot 5^3 \cdot 49} =$

$\sqrt[4]{a^{12} \cdot b} =$

$\sqrt[6]{a^7} =$

$\sqrt[5]{a^{23}} =$

$\sqrt[3]{2^6 \cdot 5} =$

e) $\sqrt[3]{2^6 \cdot 3^9 \cdot 7} =$

f) $\sqrt[5]{2^7 \cdot 3^{12} \cdot 5} =$

g) $\sqrt[9]{2^4 \sqrt{2}} =$

h) $\sqrt[3]{5 \sqrt{5}} =$

Nos exercícios seguintes considerar as bases literais como sendo reais positivos:

92 Simplificar:

a) $\sqrt[6]{a^8} =$

b) $\sqrt[4]{a^6 b^2} =$

$\sqrt[12]{a^{15}} =$

$\sqrt[6]{a^3 b^9} =$

c) $\sqrt[5]{a^3} \cdot \sqrt[5]{a^2} \cdot \sqrt[5]{a^4} \cdot \sqrt[5]{a} =$

d) $\sqrt[6]{a^2 b} \cdot \sqrt[6]{ab^2} \cdot \sqrt[6]{a^3 b^5} =$

e) $\sqrt[3]{a^7 b^8 c^4} : \sqrt[3]{ab^2 c^2} =$

93 Simplificar as expressões:

a) $\sqrt[4]{4} =$

b) $\sqrt[8]{16} =$

c) $\sqrt[10]{32} =$

d) $\sqrt[6]{81} =$

$\sqrt[6]{8} =$

$\sqrt[6]{27} =$

$\sqrt[6]{125} =$

$\sqrt[10]{64} =$

94 Determinar as raízes:

a) $\sqrt[4]{16} =$ | $\sqrt[4]{81} =$ | $\sqrt[4]{625} =$ | $\sqrt[3]{27} =$
b) $\sqrt[3]{-27} =$ | $\sqrt[3]{125} =$ | $\sqrt[3]{-125} =$ | $\sqrt[3]{343} =$
c) $\sqrt[3]{-343} =$ | $\sqrt[3]{64} =$ | $\sqrt[3]{216} =$ | $\sqrt[5]{243} =$

95 Simplificar as expressões:

a) $\sqrt{8} =$ | $\sqrt[3]{16} =$ | $\sqrt[4]{32} =$
b) $\sqrt[3]{-16} =$ | $\sqrt{27} =$ | $\sqrt[3]{-81} =$
c) $\sqrt[4]{243} =$ | $\sqrt{343} =$ | $\sqrt{125} =$

96 Em cada caso temos o produto de um quadrado perfeito ou um cubo perfeito por um número primo. Simplificar as expressões:

a) $\sqrt{12} =$ | $\sqrt{20} =$ | $\sqrt{28} =$
b) $\sqrt[3]{24} =$ | $\sqrt[3]{40} =$ | $\sqrt[3]{56} =$
c) $\sqrt{18} =$ | $\sqrt{45} =$ | $\sqrt{63} =$
d) $\sqrt{48} =$ | $\sqrt{80} =$ | $\sqrt{112} =$
e) $\sqrt[3]{54} =$ | $\sqrt[3]{135} =$ | $\sqrt[3]{250} =$
f) $\sqrt{50} =$ | $\sqrt{75} =$ | $\sqrt{175} =$

97 Simplificar as expressões:

a) $\sqrt{24} =$ | $\sqrt{54} =$
b) $\sqrt[3]{48} =$ | $\sqrt{48} =$
c) $\sqrt{96} =$ | $\sqrt[3]{162} =$

98 Simplificar:

a) $3\sqrt{20} =$ | $2\sqrt{50} =$
b) $\dfrac{2}{3}\sqrt{18} =$ | $6\sqrt{\dfrac{2}{9}} =$
c) $2\sqrt{72} =$ | $2\sqrt[3]{72} =$
d) $5\sqrt{80} =$ | $3\sqrt[4]{80} =$
e) $3\sqrt[3]{108} =$ | $4\sqrt{108} =$
f) $2\sqrt{500} =$ | $3\sqrt[3]{500} =$

Resp: **88** a) 3, –3, 5, ∉ R   b) 2, –2, ∉ R, 2   c) 4, –4, 11, 12   d) 5, –5, 2, ∉ R   e) 5, ∉ R, 3, –3
f) 1, –1, 1, ∉ R   g) 0, 0, 0, 0   h) 3, ∉ R, –2, 2   i) 2, 13, 14, 15   j) 16, 17, 18, 19

89 a) $\sqrt[3]{2}$, $\sqrt[7]{2^4}$, $\sqrt[4]{2^3}$ b) $2^2 = 4$, $2^3 = 8$, $5^2 = 25$ c) $2\sqrt[3]{5}$, $3\sqrt[5]{2}$, $5\sqrt[7]{3}$ d) $25\sqrt[4]{2}$, $9\sqrt[5]{5}$, $8\sqrt{3}$

3 – Operações com números irracionais na forma de radicais

1 | Adição e Subtração

Na adição e subtração podemos simplificar as expressões apenas quando os índices forem iguais e os radicandos forem iguais (juntamos os termos semelhantes).

Exemplos:

1) $8\sqrt[3]{7} + 5\sqrt[3]{7} = 13\sqrt[3]{7}$, $-7\sqrt{3} + 5\sqrt{3} = -2\sqrt{3}$, $5\sqrt{2} - 4\sqrt{2} = 1\sqrt{2} = \sqrt{2}$

2) $3\sqrt{2} + 5\sqrt{3} - 7\sqrt{2} + 4\sqrt{3} - 2\sqrt{2} - \sqrt{3} = -6\sqrt{2} + 8\sqrt{3}$

3) $7\sqrt[4]{9} + 5\sqrt{12} - 3\sqrt{75} =$
$= 7\sqrt[4]{3^2} + 5\sqrt{2^2 \cdot 3} - 3\sqrt{3 \cdot 5^2} =$
$= 7\sqrt{3} + 5 \cdot 2\sqrt{3} - 3 \cdot 5\sqrt{3} =$
$= 7\sqrt{3} + 10\sqrt{3} - 15\sqrt{3} = 2\sqrt{3} =$

4) $\sqrt{4\sqrt{3}} + 7\sqrt{\sqrt[4]{9}} - \sqrt[4]{243} =$
$= 2\sqrt{\sqrt{3}} + 7\sqrt[8]{3^2} - \sqrt[4]{3^5} =$
$= 2\sqrt[4]{3} + 7\sqrt[4]{3} - \sqrt[4]{3^4 \cdot 3} =$
$= 2\sqrt[4]{3} + 7\sqrt[4]{3} - 3\sqrt[4]{3} = 6\sqrt[4]{3}$

2 | Multiplicação e divisão

Quando os radicais tiverem o mesmo índice multiplicamos (ou dividimos) os radicandos, conservando o índice comum.

Se os radicais não tiverem o mesmo índice, é necessário reduzir ao mesmo índice (mínimo múltiplo comum dos índices dados), primeiramente.

1° caso | Os radicais têm os mesmos índices

Exemplos:

1) $\sqrt[7]{2} \cdot \sqrt[7]{3} = \sqrt[7]{2 \cdot 3} = \sqrt[7]{6}$, $\sqrt{2} \cdot \sqrt{8} = \sqrt{16} = 4$

2) $\sqrt{2} \cdot \sqrt{6} = \sqrt{2 \cdot 6} = \sqrt{2 \cdot 2 \cdot 3} = 2\sqrt{3}$, ou:

$\sqrt{2} \cdot \sqrt{6} = \sqrt{2} \cdot \sqrt{2 \cdot 3} = \sqrt{2} \cdot \sqrt{2} \cdot \sqrt{3} = (\sqrt{2})^2 \sqrt{3} = 2\sqrt{3}$

3) $\sqrt[3]{10} : \sqrt[3]{2} = \sqrt[3]{10:2} = \sqrt[3]{5}$, $\sqrt{6} : \sqrt{3} = \sqrt{2}$, $\sqrt[3]{54} : \sqrt[3]{2} = \sqrt[3]{27} = 3$

2° caso | Os radicais não tem o mesmo índice

Reduzimos primeiramente ao mesmo índice e caímos no caso anterior.

Exemplos:

1) $\sqrt[4]{2^3} \cdot \sqrt[6]{2^1}$

mmc (4,6) = 12

$\sqrt[12]{2^9} \cdot \sqrt[12]{2^2} =$

$\sqrt[12]{2^9 \cdot 2^2} = \sqrt[12]{2^{11}}$

2) $\sqrt[10]{2^7} : \sqrt[15]{2^4}$

mmc (10, 15) = 30

$\sqrt[30]{2^{21}} : \sqrt[30]{2^8}$

$\sqrt[30]{2^{21} : 2^8} = \sqrt[30]{2^{13}}$

3) $\sqrt[9]{9} \cdot \sqrt[6]{243} \cdot \sqrt[8]{81}$

$\sqrt[9]{3^2} \cdot \sqrt[6]{3^5} \cdot \sqrt[8]{3^4}$

$\sqrt[9]{3^2} \cdot \sqrt[6]{3^5} \cdot \sqrt{3}$

$\sqrt[18]{3^4 \cdot 3^{15} \cdot 3^9} = \sqrt[18]{3^{28}} =$

$= \sqrt[9]{3^{14}} = \sqrt[9]{3^9 \cdot 3^5} = 3\sqrt[9]{3^5}$

Exemplos usando a propriedade distributiva.

1) $2\sqrt{2}(3\sqrt{6}+5\sqrt{10}) =$
$6\sqrt{2\cdot 6}+10\sqrt{2\cdot 10} =$
$6\sqrt{2\cdot 2\cdot 3}+10\sqrt{2\cdot 2\cdot 5} =$
$6\sqrt{2^2\cdot 3}+10\sqrt{2^2\cdot 5} =$
$6\cdot 2\sqrt{3}+10\cdot 2\sqrt{5} = 12\sqrt{3}+20\sqrt{5}$

2) $(2\sqrt{6}-3\sqrt{2})(5\sqrt{6}-2\sqrt{2}) =$
$2\sqrt{6}(5\sqrt{6}-2\sqrt{2})-3\sqrt{2}(5\sqrt{6}-2\sqrt{2}) =$
$10\sqrt{36}-4\sqrt{12}-15\sqrt{12}+6\sqrt{4} =$
$10\cdot 6-19\sqrt{12}+6\cdot 2 =$
$72-19\sqrt{4\cdot 3} = 72-19\cdot 2\sqrt{3} = 72-38\sqrt{3}$

Exemplos usando produtos notáveis.

1) $(\sqrt{7}+\sqrt{2})(\sqrt{7}-\sqrt{2}) = (\sqrt{7})^2-(\sqrt{2})^2 = 7-2 = 5$

2) $(3\sqrt{7}-2\sqrt{5})(3\sqrt{7}+2\sqrt{5}) = (3\sqrt{7})^2-(2\sqrt{5})^2 = 9\cdot 7-4\cdot 5 = 63-20 = 43$

3) $(5\sqrt{3}+4\sqrt{2})^2 = (5\sqrt{3})^2+2\cdot 5\sqrt{3}\cdot 4\sqrt{2}+(4\sqrt{2})^2 = 25\cdot 3+40\sqrt{6}+16\cdot 2 = 107+40\sqrt{6}$

4) $(3\sqrt{2}-2\sqrt{3})^2 = 18-12\sqrt{6}+12 = 30-12\sqrt{6}$

5) $(2\sqrt{3}+3\sqrt{2}+5)^2 = 12+18+25+12\sqrt{6}+10\sqrt{3}+30\sqrt{2} = 55+12\sqrt{6}+10\sqrt{3}+30\sqrt{2}$

6) $(3\sqrt{5}-2\sqrt{3}-1)^2 = 45+12+1-12\sqrt{15}-6\sqrt{5}+4\sqrt{3} = 58-12\sqrt{15}-6\sqrt{5}+4\sqrt{3}$

7) $(2\sqrt{3}+1)^3 = 8\cdot 3\sqrt{3}+3(12\cdot 1)+3(2\sqrt{3}\cdot 1)+1 =$
$= 24\sqrt{3}+36+6\sqrt{3}+1 = 30\sqrt{3}+37$

8) $(3\sqrt{2}-2\sqrt{3})^3 = 27\cdot 2\sqrt{2}-3(18)(2\sqrt{3})+3(3\sqrt{2})\cdot 12-8\cdot 3\sqrt{3} =$
$= 54\sqrt{2}-108\sqrt{3}+108\sqrt{2}-24\sqrt{3} = 162\sqrt{2}-132\sqrt{3}$

9) $(\sqrt[4]{3}+\sqrt[4]{2})(\sqrt{3}-\sqrt[4]{6}+\sqrt{2}) = (\sqrt[4]{3})^3+(\sqrt[4]{2})^3 = \sqrt[4]{27}+\sqrt[4]{8}$

10) $(3\sqrt[6]{2}-2\sqrt[6]{3})(9\sqrt[3]{2}+6\sqrt[6]{6}+4\sqrt[3]{3}) = (3\sqrt[6]{2})^3-(2\sqrt[6]{3})^3 = 27\sqrt{2}-8\sqrt{3}$

11) $(\sqrt[3]{5}+\sqrt[3]{2})(\sqrt[3]{25}-\sqrt[3]{10}+\sqrt[3]{4}) = (\sqrt[3]{5})^3+(\sqrt[3]{2})^3 = 5+2 = 7$

12) $(3\sqrt[3]{2}-3)(9\sqrt[3]{4}+9\sqrt[3]{2}+9) = (3\sqrt[3]{2})^3-3^3 = 54-27 = 27$

Resp:

90 a) $\sqrt[12]{5}, \sqrt[12]{2}, \sqrt[20]{3}$ b) $5, \sqrt{5}, 25$

91 a) $a\sqrt[4]{b}, a^2\sqrt[5]{b}, a^3\sqrt[4]{b}$ b) $a^3\sqrt{a}, a^5\sqrt{a^2}, a^6\sqrt{a}$ c) $a^2\sqrt[3]{a^2}, a^3\sqrt[4]{a^3}, a^4\sqrt[5]{a^3}$
d) $6\sqrt[5]{5}, 10\sqrt[3]{49}, 4\sqrt[3]{5}$ e) $108\sqrt[3]{7}$ f) $18\sqrt[5]{180}$ g) $\sqrt{2}$ h) $\sqrt{5}$

92 a) $a\sqrt[3]{a}, a\sqrt[4]{a}$
b) $a\sqrt{ab}, b\sqrt{ab}$ c) a^2 d) $ab\sqrt[3]{b}$ e) $a^2b^2\sqrt[3]{c^2}$

93 a) $\sqrt{2}, \sqrt{2}$ b) $\sqrt{2}, \sqrt{3}$ c) $\sqrt{2}, \sqrt{5}$
d) $\sqrt[3]{9}, \sqrt[5]{8}$

94 a) $2, 3, 5, 3$ b) $-3, 5, -5, 7$ c) $-7, 4, 6, 3$

95 a) $2\sqrt{2}, 2\sqrt[3]{2}, 2\sqrt[4]{2}$
b) $-2\sqrt[3]{2}, 3\sqrt{3}, -3\sqrt[3]{3}$ c) $3\sqrt[4]{3}, 7\sqrt{7}, 5\sqrt{5}$

96 a) $2\sqrt{3}, 2\sqrt{5}, 2\sqrt{7}$ b) $2\sqrt[3]{3}, 2\sqrt[3]{5}, 2\sqrt[3]{7}$
c) $3\sqrt{2}, 3\sqrt{5}, 3\sqrt{7}$ d) $4\sqrt{3}, 4\sqrt{5}, 4\sqrt{7}$ e) $3\sqrt[3]{2}, 3\sqrt[3]{5}, 5\sqrt[3]{2}$ f) $5\sqrt{2}, 5\sqrt{3}, 5\sqrt{7}$

97 a) $2\sqrt{6}, 3\sqrt{6}$
b) $2\sqrt[3]{6}, 4\sqrt{3}$ c) $4\sqrt{6}, 3\sqrt[3]{6}$ **98** a) $6\sqrt{5}, 10\sqrt{2}$ b) $2\sqrt{2}, 2\sqrt{2}$ c) $12\sqrt{2}, 4\sqrt[3]{9}$
d) $20\sqrt{5}, 6\sqrt[4]{5}$ e) $9\sqrt[3]{4}, 24\sqrt{3}$ f) $20\sqrt{5}, 15\sqrt[3]{4}$

99 Simplificar as expressões:

a) $2\sqrt{3} + 3\sqrt{3} + 5\sqrt{3} =$

b) $-2\sqrt{3} + 3\sqrt{3} - 7\sqrt{3} =$

$-2\sqrt[3]{5} - 3\sqrt[3]{5} - 7\sqrt[3]{5} =$

$9\sqrt[4]{5} + 5\sqrt[4]{5} - 7\sqrt[4]{5} =$

100 Simplificar:

a) $5\sqrt{2} - 2\sqrt{2} - 5\sqrt{3} - 2\sqrt{3}$

b) $2\sqrt[3]{3} + 5\sqrt{3} - 8\sqrt{3} + 6\sqrt[3]{3}$

c) $3\sqrt{2} - 5\sqrt{2} - 9\sqrt{5} + 8\sqrt{2} - \sqrt{5}$

d) $5\sqrt{6} - 3\sqrt{3} - 2\sqrt{2} + 5\sqrt{3} - 2\sqrt{6}$

e) $3\sqrt{3} - 2\sqrt{2} + 5 - 7\sqrt{2} + 8\sqrt{3} - 2 + 4\sqrt{2} - 5\sqrt{3} - 7 + \sqrt{2} + \sqrt{3}$

f) $2\sqrt{3} - 3\sqrt{2} - 2\sqrt{4} - 5\sqrt{2} + 7\sqrt{3} + 3\sqrt{9} + 11\sqrt{2} - 3\sqrt{25} + 8\sqrt{2}$

g) $\sqrt[4]{4} - 2\sqrt[6]{27} + 3\sqrt[8]{16} - \sqrt[4]{9} + 2\sqrt[6]{8} - 3\sqrt[10]{32} - 2\sqrt[8]{81}$

101 Simplificar as expressões:

a) $2\sqrt{12} - 3\sqrt{18} + 2\sqrt{75} + 6\sqrt{50} - 2\sqrt{98} - 3\sqrt{48}$

b) $2\sqrt{8} - 3\sqrt{27} - 2\sqrt{32} + 2\sqrt{243} - \sqrt{128} - 2\sqrt{18} - 3\sqrt{12}$

c) $\frac{2}{3}\sqrt{18} - \frac{3}{2}\sqrt{12} - \frac{1}{3}\sqrt{27} + \frac{5}{2}\sqrt{8} - \frac{3}{5}\sqrt{75} - \frac{2}{7}\sqrt{98}$

d) $\frac{1}{2}\sqrt[3]{16} - \frac{1}{3}\sqrt[3]{54} - \frac{3}{2}\sqrt[3]{24} + \frac{3}{5}\sqrt[3]{250} + \frac{5}{3}\sqrt[3]{192} - \frac{3}{2}\sqrt[3]{128} + \frac{1}{5}\sqrt[3]{375} + \frac{5}{7}\sqrt[3]{686}$

102 Completar o cálculo do mínimo múltiplo comum entre os números dados:

a) 8, 12, 6, 4

b) 15, 6, 12, 30

c) 12, 18, 30, 36

103 Simplificar as seguintes expressões: (O mmc pode também ser determinado pegando o menor múltiplo positivo do maior dos números, que seja também múltiplo dos outros)

a) $\dfrac{2}{3} - \dfrac{1}{2} - \dfrac{3}{4} + 2 =$

$= \dfrac{}{12}$

b) $\dfrac{3}{5} - \dfrac{1}{3} - \dfrac{5}{6} + \dfrac{7}{15} =$

$= \dfrac{}{30}$

c) $\dfrac{3}{4} - \dfrac{5}{6} - \dfrac{3}{8} - \dfrac{2}{3} + 1 =$

$= \underline{}$

d) $\dfrac{3}{4} - \dfrac{1}{9} - \dfrac{3}{2} + \dfrac{5}{18} + 2 =$

$= \underline{}$

104 Efetuar:

a) $\dfrac{2\sqrt{3}}{3} - \dfrac{3\sqrt{2}}{2} - \dfrac{\sqrt{3}}{6} - \dfrac{\sqrt{2}}{4}$

b) $\dfrac{2}{5}\sqrt[3]{3} - \dfrac{1}{3}\sqrt{3} + \dfrac{5}{6}\sqrt[3]{3} - \dfrac{7}{15}\sqrt{3}$

c) $\dfrac{5}{4}\sqrt{12} - \dfrac{2}{9}\sqrt{18} - \dfrac{3}{20}\sqrt{75} + \dfrac{5}{42}\sqrt{98} - \dfrac{2}{3}\sqrt{27} + \dfrac{4}{9}\sqrt{162}$

d) $\dfrac{4}{15}\sqrt[6]{8} + \dfrac{3}{10}\sqrt[4]{9} - \dfrac{5}{24}\sqrt{108} - \dfrac{3}{14}\sqrt{98} - \dfrac{7}{5}\sqrt[8]{81} - \dfrac{3}{25}\sqrt{50} + \dfrac{7}{33}\sqrt{242}$

105 Simplificar as expressões:

a) $\dfrac{2}{9}\sqrt{18} - \dfrac{3}{8}\sqrt{12} + \dfrac{1}{3}\sqrt{8} - \dfrac{1}{4}\sqrt{27}$ b) $\dfrac{3}{10}\sqrt{12} - \dfrac{2}{9}\sqrt{18} + \dfrac{1}{6}\sqrt[4]{9} - \dfrac{3}{5}\sqrt[4]{4}$

c) $\dfrac{2}{3}\sqrt[4]{4} - \dfrac{1}{2}\sqrt[6]{27} - \dfrac{1}{8}\sqrt{48} - \dfrac{2}{15}\sqrt{50} + \dfrac{3}{14}\sqrt{98} - \dfrac{3}{10}\sqrt{75} - \dfrac{5}{24}\sqrt{72}$

106 Efetuar:

a) $2\sqrt[8]{4} - 3\sqrt[4]{2^5} + 2\sqrt[4]{2^9}$

b) $3\sqrt[6]{9} - 2\sqrt[3]{81} + 7\sqrt[3]{24} - 3\sqrt[9]{27}$

c) $\dfrac{1}{5}\sqrt{50} - \dfrac{3}{7}\sqrt{98} - \dfrac{5}{6}\sqrt{72}$

d) $\dfrac{5}{2}\sqrt{28} - \dfrac{3}{5}\sqrt{125} - \dfrac{5}{3}\sqrt{63} + \dfrac{5}{4}\sqrt{80}$

107 Na multiplicação de radicais, podemos multiplicar os radicandos apenas quando os índices dos radicais forem iguais. Efetuar:

a) $(2\sqrt{3})(3\sqrt{2}) =$

b) $(-2\sqrt[3]{5})(-5\sqrt[3]{9}) =$

c) $3\sqrt[4]{6} \cdot (4\sqrt[4]{3}) =$

d) $(-4\sqrt{3})(-3\sqrt{7}) =$

e) $2\sqrt[4]{8}\,(3\sqrt[4]{6})(\sqrt[4]{3}) =$

f) $(-2\sqrt[4]{6})(-3\sqrt[4]{2})(5\sqrt[4]{3}) =$

g) $\sqrt[4]{2a^3b} \cdot \sqrt[4]{8ab^3} \cdot \sqrt[4]{32a^5b^7}$

h) $\sqrt[3]{4a^2b^2} \cdot \sqrt[3]{2a^4b^4} \cdot \sqrt[3]{3a}$

i) $3\sqrt[4]{27} \cdot \sqrt[4]{3} \cdot \sqrt[4]{243}$

j) $(-2\sqrt{12})(-3\sqrt{18})(\sqrt{48})$

k) $-3\sqrt[5]{16}\,(-2\sqrt[5]{64})(5\sqrt[5]{256})$

l) $\sqrt[12]{25} \cdot \sqrt[18]{125} \cdot \sqrt[6]{3125} \cdot \sqrt[24]{625}$

108 Na divisão de radicais, podemos dividir os radicandos apenas quando os índices dos radicais forem iguais. Efetuar:

a) $(16\sqrt[3]{9}):(2\sqrt[3]{3}) =$

b) $(-12\sqrt[4]{24}):(-3\sqrt[4]{8}) =$

c) $\dfrac{-24\sqrt{6}}{8\sqrt{2}} =$

d) $\dfrac{15\sqrt[3]{49}}{3\sqrt[3]{7}} =$

e) $(6\sqrt[4]{24}):(2\sqrt[4]{6}) =$

f) $(48\sqrt[6]{54}):(3\sqrt[6]{2}) =$

109 Efetuar as multiplicações:

a) $2\sqrt{3}\,(3\sqrt{2}-2\sqrt{5})$

b) $-3\sqrt{3}\,(2\sqrt{3}-3\sqrt{2})$

c) $3\sqrt{6}\,(2\sqrt{3}-3\sqrt{2})$

d) $\sqrt[3]{4}\,(2\sqrt[3]{2}-\sqrt[3]{6})$

110 Efetuar as divisões:

a) $(12\sqrt{6}-6\sqrt{3}):(3\sqrt{3})$

b) $(\sqrt[3]{24}-\sqrt[3]{18}):\sqrt[3]{3}$

111 Simplificar as expressões:

a) $(2\sqrt{3}-3\sqrt{2})(3\sqrt{3}-2\sqrt{2})$

b) $(4\sqrt{3}-3\sqrt{2})(2\sqrt{3}+2\sqrt{2})$

c) $(3\sqrt{6}-2\sqrt{3})(3\sqrt{2}-4)$

d) $(2\sqrt[3]{4}-\sqrt[3]{2})(3\sqrt[3]{4}+2\sqrt[3]{2})$

e) $(-2\sqrt{15}-3\sqrt{3})(-3\sqrt{5}+2)$

f) $(3\sqrt{3}-2\sqrt{2})(3\sqrt{2}-3\sqrt{3}-2\sqrt{6})$

Resp: **99** a) $10\sqrt{3},-12\sqrt[3]{5}$ b) $-6\sqrt{3},7\sqrt[4]{5}$ **100** a) $3\sqrt{2}-7\sqrt{3}$ b) $8\sqrt[3]{3}-3\sqrt{3}$ c) $6\sqrt{2}-10\sqrt{5}$
d) $3\sqrt{6}+2\sqrt{3}-2\sqrt{2}$ e) $7\sqrt{3}-4\sqrt{2}-4$ f) $9\sqrt{3}+11\sqrt{2}-10$ g) $3\sqrt{2}-5\sqrt{3}$
101 a) $2\sqrt{3}+7\sqrt{2}$ b) $3\sqrt{3}-18\sqrt{2}$ c) $5\sqrt{2}-7\sqrt{3}$ d) $\sqrt[3]{3}-4\sqrt[3]{2}$ **102** a) 24 b) 60
c) 180 **103** a) $\dfrac{17}{12}$ b) $-\dfrac{1}{10}$ c) $-\dfrac{1}{8}$ d) $\dfrac{17}{12}$ **104** a) $\dfrac{1}{4}(2\sqrt{3}+7\sqrt{2})$
b) $\dfrac{1}{30}(37\sqrt[3]{3}-24\sqrt{3})$ c) $\dfrac{25}{6}\sqrt{2}-\dfrac{1}{4}\sqrt{3}$ d) $\dfrac{1}{2}\sqrt{2}-\dfrac{47}{20}\sqrt{3}$

112 Simplificar as seguintes expressões:

a) $(2\sqrt{3} - 3\sqrt{2})(2\sqrt{3} + 4\sqrt{2}) - (3\sqrt{3} - 4\sqrt{2})(3\sqrt{2} - 2\sqrt{3})$

b) $3\sqrt{6}(3\sqrt{2} - 2\sqrt{3})(3\sqrt{3} - 5\sqrt{2}) - 2\sqrt{6}(2\sqrt{3} - 5\sqrt{2})(2\sqrt{3} - 4\sqrt{2})$

c) $\sqrt{3}(2\sqrt{3} - \sqrt{2})(\sqrt{6} - 2\sqrt{3} - 3\sqrt{2}) - 2\sqrt{2}(\sqrt{3} - 2\sqrt{2})(2\sqrt{6} - \sqrt{3} - 2\sqrt{2})$

113 Efetuar:

a) $\sqrt[5]{a^5} =$ | $(\sqrt[7]{a})^7 =$ | $\sqrt[4]{a^2} =$ | $(\sqrt[8]{a})^4 =$

b) $(2\sqrt{3})^2 =$ | $(2\sqrt[3]{2})^3 =$ | $(-2\sqrt{2})^4 =$ | $(-3\sqrt[3]{3})^3 =$

c) $(\sqrt{2} \cdot \sqrt[3]{2})^6 =$ | | d) $(\sqrt[4]{2} \cdot \sqrt[6]{3})^{12} =$

114 Simplificar:

a) $\sqrt[3]{\sqrt[4]{2}} =$ | $\sqrt[5]{\sqrt[3]{3}} =$ | $\sqrt{\sqrt[3]{\sqrt{3}}} =$ | $\sqrt[4]{\sqrt[3]{\sqrt{5}}} =$

b) $\sqrt[4]{\sqrt[5]{2^{16}}} =$ | c) $(\sqrt[3]{\sqrt[5]{2}})^{10} =$

d) $\left(\sqrt[7]{\sqrt[6]{\sqrt[4]{2^7}}}\right)^{12} =$ | e) $\left(\sqrt[5]{\sqrt[4]{\sqrt[3]{2^2}}}\right)^{30} =$

f) $\left(\sqrt[5]{\dfrac{\sqrt[9]{5}}{\sqrt[6]{5}}}\right)^{30} =$ | g) $\left(\sqrt[6]{\dfrac{\sqrt{3}}{\sqrt[4]{3^3}}}\right)^{8} =$

115 Baseando-se no produto notável (a + b) (a – b) = a² – b², simplificar:

a) $(\sqrt{7} + \sqrt{2})(\sqrt{7} - \sqrt{2}) =$

b) $(\sqrt{15} + \sqrt{7})(\sqrt{15} - \sqrt{7}) =$

c) $(\sqrt{6} - \sqrt{2})(\sqrt{6} + \sqrt{2}) =$

d) $(3\sqrt{5} + \sqrt{7})(3\sqrt{5} - \sqrt{7}) =$

e) $(3\sqrt{2} + 2\sqrt{3})(3\sqrt{2} - 2\sqrt{3}) =$

116 Baseando-se no produto notável (a + b)² = a² + 2ab + b², simplificar:

a) $(\sqrt{3} + \sqrt{2})^2 =$

b) $(\sqrt{7} + \sqrt{5})^2 =$

c) $(2\sqrt{5} + 3\sqrt{2})^2 =$

d) $(3\sqrt{3} + 2\sqrt{2})^2 =$

117 Baseando-se no produto notável (a – b)² = a² – 2ab + b², simplificar:

a) $(\sqrt{5} - \sqrt{2})^2 =$

b) $(\sqrt{11} - \sqrt{3})^2 =$

c) $(3\sqrt{2} - 2\sqrt{3})^2 =$

d) $(3\sqrt{5} - 4\sqrt{2})^2 =$

118 Aplicando produtos notáveis, simplificar a expressão dada

$(2\sqrt{3} + 3)(2\sqrt{3} - 3) - (3\sqrt{3} - 2\sqrt{2})^2 - 2(2\sqrt{3} - 3\sqrt{2})^2 + 2(\sqrt{7} - 2)(\sqrt{7} + 2)$

Resp: 105 a) $\frac{2}{3}\sqrt{2} - \frac{3}{2}\sqrt{3}$ b) $\frac{23}{30}\sqrt{3} - \frac{19}{15}\sqrt{2}$ c) $\frac{1}{4}\sqrt{2} - \frac{5}{2}\sqrt{3}$ **106** a) $4\sqrt[4]{2}$ b) $8\sqrt[3]{3}$ c) $-7\sqrt{2}$ d) $2\sqrt{5}$

107 a) $6\sqrt{6}$ b) $10\sqrt[3]{45}$ c) $12\sqrt[4]{18}$ d) $12\sqrt{21}$ e) $12\sqrt{3}$ f) $30\sqrt{6}$ g) $4a^2b^2\sqrt[4]{ab^3}$ h) $2a^2b^2\sqrt[3]{3a}$

i) $27\sqrt[4]{3}$ j) $432\sqrt{2}$ k) $240\sqrt[5]{8}$ l) $5\sqrt[3]{5}$ **108** a) $8\sqrt[3]{3}$ b) $4\sqrt[4]{3}$ c) $-3\sqrt{3}$ d) $5\sqrt[3]{7}$

e) $3\sqrt{2}$ f) $16\sqrt{3}$ **109** a) $6\sqrt{6} - 4\sqrt{15}$ b) $-18 + 9\sqrt{6}$ c) $18\sqrt{2} - 18\sqrt{3}$ d) $4 - 2\sqrt[3]{3}$

110 a) $4\sqrt{2} - 2$ b) $2 - \sqrt[3]{6}$ **111** a) $30 - 13\sqrt{6}$ b) $2\sqrt{6} + 12$ c) $26\sqrt{3} - 18\sqrt{6}$

d) $2 - 2\sqrt[3]{4} + 12\sqrt[3]{2}$ e) $24\sqrt{3} + 5\sqrt{15}$ f) $15\sqrt{6} + 8\sqrt{3} - 18\sqrt{2} - 39$

119 Simplificar as expressões:

a) $\sqrt{2}(\sqrt{6}-\sqrt{3})^2 - 3\sqrt{3}(\sqrt{6}-\sqrt{2})^2 - 3\sqrt{2}(2\sqrt{2}+\sqrt{5})(2\sqrt{2}-\sqrt{5}) - 4\sqrt{3}(\sqrt{3}-3)$

b) $\sqrt{3}(2\sqrt{3}+\sqrt{6})^2 - 3\sqrt{3}(3\sqrt{3}-5)(3\sqrt{3}+5) - 2\sqrt{2}(\sqrt{6}-3\sqrt{2})^2 - 12\sqrt{2}(3\sqrt{3}-2)$

c) $3\sqrt{2}(3\sqrt{2}+2)^2 - \sqrt{3}(3\sqrt{3}-1)^2 - 2\sqrt{3}(2\sqrt{3}+3\sqrt{2})^2 - 2(2\sqrt{7}+5)(2\sqrt{7}-5)$

120 Reduzir os radicais ao mesmo índice, sendo este o menor múltiplo comum, nos casos:

a) $\sqrt[4]{a^3}, \sqrt[3]{a^2}, \sqrt{a}$

$\sqrt[12]{}, \sqrt[12]{}, \sqrt[12]{}$

b) $\sqrt[6]{a^2b^3}, \sqrt[4]{a^3b}, \sqrt[8]{ab^4}$

$\sqrt{}, \sqrt{}, \sqrt{}$

c) $\sqrt[3]{2a^2}, \sqrt[5]{3a^2b}, \sqrt[6]{ab^3}$

d) $\sqrt{xy}, \sqrt[3]{xy^2}, \sqrt[5]{2x^3y^2}$

e) $2\sqrt[4]{a^3b}, 3\sqrt[3]{ab^2}, 7\sqrt{ab}$

f) $\sqrt[4]{4a^2}, \sqrt[6]{9a^4b^2}, \sqrt[8]{25a^6b^4}$

121 Completar com > (maior) ou < (menor), de modo que a sentença obtida fique verdadeira.

a) $\sqrt[3]{4}$ ____ $\sqrt[4]{6}$

b) $\sqrt{5}$ ____ $\sqrt[3]{11}$

c) $\sqrt[6]{2^5}$ ____ $\sqrt[8]{2^7}$

d) $\sqrt[12]{5^{11}}$ ____ $\sqrt[18]{5^{17}}$

122 Na multiplicação (ou divisão) de radicais podemos multiplicar (ou dividir) os radicandos apenas quando os radicais tiverem os mesmos índices. Efetuar:

a) $\sqrt[4]{2^3} \cdot \sqrt[3]{2^2} =$
$= \sqrt[12]{}$

b) $\sqrt[6]{3^5} \cdot \sqrt{3}$

c) $\sqrt{ab} \cdot \sqrt[3]{a^2 b^2} \cdot \sqrt[4]{a^3 b}$

d) $\sqrt[6]{2^5} : \sqrt[4]{2^3}$

e) $\sqrt{ab} : \sqrt[5]{a^2}$

f) $\sqrt[3]{a^2 b^2} : \sqrt[4]{ab}$

g) $\sqrt{ab} \cdot \sqrt[3]{ab^2} \cdot \sqrt[4]{a^3 b} \cdot \sqrt[6]{a^5 b} \cdot \sqrt[12]{a^7 b^{11}}$

h) $2\sqrt[3]{a^2 b} \cdot (-3\sqrt{ab})(-2\sqrt[4]{a^3 b^2})(-5\sqrt[6]{a^5})(-2\sqrt[12]{b^5})$

i) $(\sqrt[4]{4} \cdot \sqrt[6]{25} \cdot \sqrt[8]{225} \cdot \sqrt[12]{900}) : (\sqrt[3]{180} : \sqrt[4]{6})$

Resp: **112** a) $30 - 15\sqrt{6}$ b) $558 - 248\sqrt{6}$ c) $22\sqrt{6} - 6\sqrt{3} - 22\sqrt{2} - 30$ **113** a) $a, a, \sqrt{a}, \sqrt{a}$ b) $12, 16, 64, -81$ c) 32 d) 72 **114** a) $\sqrt[12]{2}, \sqrt[15]{3}, \sqrt[12]{3}, \sqrt[24]{5}$ b) $\sqrt[5]{16}$ c) $\sqrt[3]{4}$ d) $\sqrt{2}$ e) 2 f) $\dfrac{\sqrt[3]{25}}{5}$ g) $\dfrac{\sqrt[3]{9}}{3}$ **115** a) 5 b) 8 c) 4 d) 38 e) 6 **116** a) $2\sqrt{6} + 5$ b) $2\sqrt{35} + 12$ c) $12\sqrt{10} + 38$ d) $12\sqrt{6} + 35$ **117** a) $7 - 2\sqrt{10}$ b) $14 - 2\sqrt{33}$ c) $30 - 12\sqrt{6}$ d) $77 - 24\sqrt{10}$ **118** $36\sqrt{6} - 98$

123 Efetuar as seguintes multiplicações:

a) $\sqrt[5]{a^2} \cdot \sqrt[5]{a^3} =$

b) $\sqrt[3]{2} \cdot \sqrt[3]{2^2} =$

$\sqrt[7]{a^3} \cdot \sqrt[7]{a^4} =$

$\sqrt[6]{2^5} \cdot \sqrt[6]{2} =$

$\sqrt{5} \cdot \sqrt{5}$

$\sqrt[4]{a^3 b} \cdot \sqrt[4]{ab^3} =$

c) $(\sqrt{7} + \sqrt{2})(\sqrt{7} - \sqrt{2}) =$

d) $(3\sqrt{5} - 2\sqrt{10})(3\sqrt{5} + 2\sqrt{10}) =$

e) $\dfrac{3\sqrt{2}}{2\sqrt{3}} \cdot \dfrac{\sqrt{5}}{\sqrt{3}} =$

f) $\dfrac{5\sqrt{3}}{3\sqrt{5}} \cdot \dfrac{\sqrt{5}}{\sqrt{5}} =$

g) $\dfrac{3\sqrt[5]{2}}{\sqrt[5]{2^2}} \cdot \dfrac{\sqrt[5]{2^3}}{\sqrt[5]{2^3}} =$

h) $\dfrac{2\sqrt[4]{3}}{\sqrt[4]{2}} \cdot \dfrac{\sqrt[4]{2^3}}{\sqrt[4]{2^3}} =$

i) $\dfrac{\sqrt{2}}{\sqrt{5} + \sqrt{3}} \cdot \dfrac{3\sqrt{6}}{\sqrt{5} - \sqrt{3}} =$

j) $\dfrac{2\sqrt{3}}{\sqrt{13} - 2} \cdot \dfrac{3\sqrt{6}}{\sqrt{13} + 2} =$

k) $\dfrac{\sqrt{6}}{3\sqrt{2} + 2\sqrt{3}} \cdot \dfrac{3\sqrt{2} - 2\sqrt{3}}{3\sqrt{2} - 2\sqrt{3}} =$

l) $\dfrac{\sqrt{5} + \sqrt{3}}{\sqrt{7} - \sqrt{6}} \cdot \dfrac{\sqrt{5} - \sqrt{3}}{\sqrt{7} + \sqrt{6}} =$

m) $\dfrac{3 - \sqrt{5}}{\sqrt{3\sqrt{3} + \sqrt{2}}} \cdot \dfrac{3 + \sqrt{5}}{\sqrt{3\sqrt{3} - \sqrt{2}}} =$

n) $\sqrt{3\sqrt{2} - 2\sqrt{3}} \cdot \sqrt{3\sqrt{2} + 2\sqrt{3}} \cdot \sqrt{6} =$

o) $\dfrac{\sqrt{2\sqrt{6} + 3\sqrt{2}}}{\sqrt{3\sqrt{5} - 5}} \cdot \dfrac{\sqrt{2\sqrt{6} - 3\sqrt{2}}}{\sqrt{3\sqrt{5} + 5}} \cdot \dfrac{5\sqrt{2}}{\sqrt{5}} =$

p) $\sqrt{3} \cdot \sqrt{3 + \sqrt{6}} \cdot \sqrt{3 - \sqrt{6} + \sqrt{6}} \cdot \sqrt{3 + \sqrt{6} + \sqrt{6}} =$

124 Simplificar as seguintes expressões:

a) $(\sqrt[4]{7} + \sqrt[4]{3})(\sqrt[4]{7} - \sqrt[4]{3})(\sqrt{7} + \sqrt{3}) - (2\sqrt{3} - \sqrt{2})^2(7 + 2\sqrt{6}) =$

b) $(\sqrt[3]{5} + \sqrt[3]{3})(\sqrt[3]{25} - \sqrt[3]{15} + \sqrt[3]{9}) + (2\sqrt[6]{3} - 1)(4\sqrt[3]{3} + 2\sqrt[6]{3} + 1)(8\sqrt{3} + 1) =$

c) $(\sqrt[4]{5} - \sqrt[4]{2})(\sqrt{5} + \sqrt[4]{10} + \sqrt{2})(\sqrt[4]{5} + \sqrt[4]{2})(\sqrt{5} - \sqrt[4]{10} + \sqrt{2})(5\sqrt{5} + 2\sqrt{2}) =$

d) $\left[\dfrac{\sqrt[6]{3} - \sqrt[6]{6}}{\sqrt[4]{10} - \sqrt[4]{6}} \cdot \dfrac{\sqrt[6]{3} + \sqrt[6]{2}}{\sqrt[4]{10} + \sqrt[4]{2}} \right] : \dfrac{\sqrt{10} + \sqrt{6}}{\sqrt[3]{9} + \sqrt[3]{18} + \sqrt[3]{2}} =$

e) $\sqrt{141} \cdot \sqrt{12 + \sqrt{3}} \cdot \sqrt{2\sqrt{3} + \sqrt[4]{3}} \cdot \sqrt{2\sqrt[4]{3} - \sqrt{2\sqrt{3} + \sqrt[4]{3}}} \cdot \sqrt{2\sqrt[4]{3} + \sqrt{2\sqrt{3} + \sqrt[4]{3}}}$

Resp: 119 a) $12 - 12\sqrt{3}$ b) $12\sqrt{3} - 24\sqrt{2}$ c) $84 - 6\sqrt{2} - 88\sqrt{3}$ **120** a) $\sqrt[12]{a^9}, \sqrt[12]{a^8}, \sqrt[12]{a^6}$

b) $\sqrt[24]{a^8 b^{12}}, \sqrt[24]{a^{18} b^6}, \sqrt[24]{a^3 b^{12}}$ c) $\sqrt[30]{2^{10} a^{20}}, \sqrt[30]{3^6 a^{12} b^6}, \sqrt[30]{a^5 b^{15}}$ d) $\sqrt[30]{x^{15} y^{15}}, \sqrt[30]{x^{10} y^{10}}, \sqrt[30]{2^6 \cdot x^{18} \cdot y^{12}}$

e) $2\sqrt[12]{a^9 b^3}, 3\sqrt[12]{a^4 b^8}, 7\sqrt[12]{a^6 b^6}$ f) $\sqrt[12]{2^6 a^6}, \sqrt[12]{3^4 a^8 b^4}, \sqrt[12]{5^3 a^9 b^6}$ **121** a) >   b) >   c) <   d) <

122 a) $2\sqrt[12]{32}$ b) $3\sqrt[3]{3}$ c) $ab\sqrt[12]{a^{11} b^5}$ d) $\sqrt[12]{2}$ e) $\sqrt[10]{ab^5}$ f) $\sqrt[12]{a^5 b^5}$ g) $a^3 b^2 \sqrt{b}$

h) $120 a^2 b^4 \sqrt{a^3 b^3}$ i) $\sqrt[12]{2^3 \cdot 5^5}$

4 – Racionalização de denominadores

Multiplicamos o numerador e o denominador da fração dada por um número convenientemente escolhido de modo que o produto no denominador obtido resulte em um número racional.

Vejamos apenas alguns casos:

Exemplos:

1) $\dfrac{3}{\sqrt{5}} = \dfrac{3}{\sqrt{5}} \cdot \dfrac{\sqrt{5}}{\sqrt{5}} = \dfrac{3\sqrt{5}}{\sqrt{25}} = \dfrac{3\sqrt{5}}{5}$, $\dfrac{8}{3\sqrt{2}} = \dfrac{8}{3\sqrt{2}} \cdot \dfrac{\sqrt{2}}{\sqrt{2}} = \dfrac{8\sqrt{2}}{3 \cdot 2} = \dfrac{4\sqrt{2}}{3}$

2) $\dfrac{15}{\sqrt{12}} = \dfrac{15}{\sqrt{4 \cdot 3}} = \dfrac{15}{2\sqrt{3}} = \dfrac{15}{2\sqrt{3}} \cdot \dfrac{\sqrt{3}}{\sqrt{3}} = \dfrac{15\sqrt{3}}{2 \cdot 3} = \dfrac{5\sqrt{3}}{2}$

3) $\dfrac{12\sqrt{10}}{7\sqrt{15}} = \dfrac{12\sqrt{10} : \sqrt{5}}{7\sqrt{15} : \sqrt{5}} = \dfrac{12\sqrt{2}}{7\sqrt{3}} = \dfrac{12\sqrt{2}}{7\sqrt{3}} \cdot \dfrac{\sqrt{3}}{\sqrt{3}} = \dfrac{12\sqrt{6}}{7 \cdot 3} = \dfrac{4\sqrt{6}}{7}$

4) $\dfrac{2}{\sqrt[3]{6}} = \dfrac{2}{\sqrt[3]{6}} \cdot \dfrac{\sqrt[3]{6^2}}{\sqrt[3]{6^2}} = \dfrac{2\sqrt[3]{6^2}}{\sqrt[3]{6^3}} = \dfrac{2\sqrt[3]{36}}{6} = \dfrac{\sqrt[3]{36}}{3}$

5) $\dfrac{3}{\sqrt[4]{72}} = \dfrac{3}{\sqrt[4]{2^3 \cdot 3^2}} = \dfrac{3}{\sqrt[4]{2^3 \cdot 3^2}} \cdot \dfrac{\sqrt[4]{2 \cdot 3^2}}{\sqrt[4]{2 \cdot 3^2}} = \dfrac{3\sqrt[4]{18}}{\sqrt[4]{2^4 \cdot 3^4}} = \dfrac{3\sqrt[4]{18}}{2 \cdot 3} = \dfrac{\sqrt[4]{18}}{2}$

Lembre-se de que $(a+b)(a-b) = a^2 - b^2$ e $(\sqrt{5} + \sqrt{2})(\sqrt{5} - \sqrt{2}) = (\sqrt{5})^2 - (\sqrt{2})^2 = 5 - 2 = 3$

6) $\dfrac{5}{\sqrt{5} - \sqrt{3}} = \dfrac{5}{(\sqrt{5} - \sqrt{3})} \cdot \dfrac{(\sqrt{5} + \sqrt{3})}{(\sqrt{5} + \sqrt{3})} = \dfrac{5(\sqrt{5} + \sqrt{3})}{(\sqrt{5})^2 - (\sqrt{3})^2} = \dfrac{5(\sqrt{5} + \sqrt{3})}{5 - 3} = \dfrac{5(\sqrt{5} + \sqrt{3})}{2}$

7) $\dfrac{6\sqrt{2}}{2\sqrt{5} + \sqrt{2}} = \dfrac{6\sqrt{2}}{(2\sqrt{5} + \sqrt{2})} \cdot \dfrac{(2\sqrt{5} - \sqrt{2})}{(2\sqrt{5} - \sqrt{2})} = \dfrac{6(2\sqrt{10} - 6 \cdot 2)}{4 \cdot 5 - 2} = \dfrac{6(2\sqrt{10} - 12)}{18} = \dfrac{2\sqrt{10} - 12}{3}$

8) $\dfrac{3\sqrt{6}}{\sqrt{15} - \sqrt{3}} = \dfrac{(3\sqrt{6}) : \sqrt{3}}{(\sqrt{15} - \sqrt{3}) : \sqrt{3}} = \dfrac{3\sqrt{2}}{\sqrt{5} - 1} = \dfrac{3\sqrt{2}}{(\sqrt{5} - 1)} \cdot \dfrac{(\sqrt{5} + 1)}{(\sqrt{5} + 1)} = \dfrac{3(\sqrt{10} + \sqrt{2})}{4}$

125 Completar a racionalização do denominador, nos casos:

a) $\dfrac{3}{\sqrt{6}} = \dfrac{3}{\sqrt{6}} \cdot \dfrac{\sqrt{6}}{\sqrt{6}} =$

b) $\dfrac{2\sqrt{3}}{3\sqrt{2}} = \dfrac{2\sqrt{3}}{3\sqrt{2}} \cdot \dfrac{\sqrt{2}}{\sqrt{2}} =$

c) $\dfrac{2\sqrt{13}}{3\sqrt{26}} = \dfrac{2}{3\sqrt{2}} = \dfrac{2}{3\sqrt{2}} \cdot \dfrac{\sqrt{2}}{\sqrt{2}} =$

d) $\dfrac{5\sqrt{7}}{3\sqrt{35}} = \dfrac{5}{3\sqrt{5}} \cdot \dfrac{\sqrt{5}}{\sqrt{5}} =$

e) $\dfrac{14}{35\sqrt{147}} = \dfrac{2}{7\sqrt{3 \cdot 49}} = \dfrac{2}{7 \cdot 7\sqrt{3}} = \dfrac{2}{49\sqrt{3}} \cdot \dfrac{\sqrt{3}}{\sqrt{3}} =$

f) $\dfrac{3\sqrt[7]{2}}{5\sqrt[7]{18}} = \dfrac{3}{5\sqrt[7]{9}} = \dfrac{3}{5\sqrt[7]{3^2}} \cdot \dfrac{\sqrt[7]{3^5}}{\sqrt[7]{3^5}} =$

g) $\dfrac{6}{2\sqrt[3]{144}} = \dfrac{3}{\sqrt[3]{2^4 \cdot 3^2}} = \dfrac{3}{2\sqrt[3]{2 \cdot 3^2}} \cdot \dfrac{\sqrt[3]{2^2 \cdot 3}}{\sqrt[3]{2^2 \cdot 3}} =$

126 Racionalizar o denominador da fração nos casos:

a) $\dfrac{3}{\sqrt{2}} = \dfrac{3}{\sqrt{2}} \cdot \underline{} =$

b) $\dfrac{4}{3\sqrt{2}} = \dfrac{4}{3\sqrt{2}} \cdot \underline{} =$

c) $\dfrac{10}{3\sqrt{5}}$

d) $\dfrac{14}{5\sqrt{7}}$

e) $\dfrac{2\sqrt{3}}{3\sqrt{2}}$

f) $\dfrac{5}{\sqrt{5}}$

g) $\dfrac{3}{\sqrt{3}}$

h) $\dfrac{6}{\sqrt{6}}$

127 Racionalizar o denominador, nos casos:

a) $\dfrac{5}{\sqrt{12}} = \dfrac{5}{2\sqrt{3}} \cdot \underline{} =$

b) $\dfrac{4}{\sqrt{18}} = \underline{} \cdot \underline{} =$

c) $\dfrac{10}{\sqrt{24}} =$

d) $\dfrac{6\sqrt{2}}{\sqrt{27}} =$

e) $\dfrac{15\sqrt{3}}{2\sqrt{40}} =$

f) $\dfrac{5\sqrt{2}}{3\sqrt{75}} =$

128 Racionalizar o denominador, nos casos:

a) $\dfrac{3}{\sqrt[7]{2^4}}$

b) $\dfrac{5}{\sqrt[5]{5^3}}$

c) $\dfrac{2\sqrt[5]{9}}{\sqrt[5]{2^2}}$

d) $\dfrac{3}{2\sqrt[4]{8}}$

e) $\dfrac{5}{3\sqrt[5]{125}}$

f) $\dfrac{8}{3\sqrt[5]{2^7}}$

g) $\dfrac{25}{3\sqrt[7]{125}}$

h) $\dfrac{10}{3\sqrt[7]{256}}$

i) $\dfrac{2\sqrt[3]{3}}{5\sqrt[12]{2^8}}$

j) $\dfrac{50}{3\sqrt[9]{5^{15}}}$

k) $\dfrac{8}{5\sqrt[3]{\sqrt[4]{128}}}$

l) $\dfrac{15}{2\sqrt[3]{\sqrt[5]{27}}}$

Resp: **123** a) a, a, 5   b) 2, 2, ab   c) 5   d) 9   e) $\dfrac{\sqrt{10}}{2}$ f) $\dfrac{\sqrt{15}}{3}$ g) $\dfrac{3\sqrt[5]{16}}{2}$ h) $\sqrt[4]{24}$ i) $3\sqrt{3}$ j) $2\sqrt{2}$ k) $\sqrt{3} - \sqrt{2}$ l) 2   m) $\dfrac{4}{5}$ n) 6   o) $\sqrt{3}$ p) 3   **124** a) −46   b) 199   c) 117   d) $\dfrac{1}{4}$ e) 141

129 Racionalizar o denominador da fração nos casos:

a) $\dfrac{5}{\sqrt{7}+\sqrt{2}}$

b) $\dfrac{15}{\sqrt{23}+3\sqrt{2}}$

c) $\dfrac{30}{3\sqrt{2}-2\sqrt{3}}$

d) $\dfrac{45}{4\sqrt{3}+3\sqrt{2}}$

e) $\dfrac{5\sqrt{3}}{2\sqrt{6}-3}$

f) $\dfrac{5\sqrt{10}}{5\sqrt{2}+3\sqrt{5}}$

g) $\dfrac{2\sqrt{2}-3\sqrt{3}}{3\sqrt{2}+2\sqrt{3}}$

h) $\dfrac{3\sqrt{3}-2}{3\sqrt{3}-4}$

i) $\dfrac{3\sqrt{2}+\sqrt{3}}{3\sqrt{2}-\sqrt{3}}$

j) $\dfrac{-7\sqrt{3}}{2\sqrt{3}-3\sqrt{6}} = \dfrac{7\sqrt{3}}{3\sqrt{6}-2\sqrt{3}} = \dfrac{7}{3\sqrt{2}-2}$

k) $\dfrac{5\sqrt{15}}{5\sqrt{3}+3\sqrt{5}}$

l) $\dfrac{38\sqrt{6}}{5\sqrt{3}-3\sqrt{2}}$

m) $\dfrac{-4\sqrt{2}-3\sqrt{3}}{3\sqrt{3}-4\sqrt{2}}$

n) $\dfrac{3\sqrt{6}-4\sqrt{2}}{3\sqrt{6}+4\sqrt{2}}$

o) $\dfrac{3\sqrt{60}-\sqrt{160}}{3\sqrt{15}+\sqrt{40}}$

130 Simplificar a expressão nos casos:

a) $\dfrac{\sqrt{3\sqrt{2}+\sqrt{3}}}{\sqrt{3\sqrt{2}-\sqrt{3}}} =$

b) $\dfrac{(\sqrt{3\sqrt{2}+2\sqrt{3}}+2\sqrt[4]{3})(\sqrt{3\sqrt{2}+2\sqrt{3}}-2\sqrt[4]{3})}{3\sqrt{2}+2\sqrt{3}}$

c) $\dfrac{\sqrt{3}-\sqrt{2}}{\sqrt{3}+\sqrt{2}} - \dfrac{2\sqrt{3}-3}{2\sqrt{3}+3} - \dfrac{\sqrt{3}+\sqrt{2}}{\sqrt{3}-\sqrt{2}} + \dfrac{2\sqrt{3}+3}{2\sqrt{3}-3}$

d) $\dfrac{2\sqrt{3}-3\sqrt{2}}{3\sqrt{2}+\sqrt{6}} - \dfrac{3\sqrt{2}-4\sqrt{3}}{3\sqrt{2}-\sqrt{6}}$

e) $[\sqrt{4+2\sqrt{2}} \cdot \sqrt{2-\sqrt{2}}] : (\sqrt{3+\sqrt{5}} - \sqrt{3-\sqrt{5}})^2$

Resp: **125** a) $\dfrac{\sqrt{6}}{2}$ b) $\dfrac{\sqrt{6}}{3}$ c) $\dfrac{\sqrt{2}}{3}$ d) $\dfrac{\sqrt{5}}{3}$ e) $\dfrac{2\sqrt{3}}{147}$ f) $\dfrac{\sqrt[7]{243}}{5}$ g) $\dfrac{\sqrt[3]{12}}{4}$

126 a) $\dfrac{3\sqrt{2}}{2}$ b) $\dfrac{2\sqrt{2}}{3}$ c) $\dfrac{2\sqrt{5}}{3}$ d) $\dfrac{2\sqrt{7}}{5}$ e) $\dfrac{\sqrt{6}}{3}$ f) $\sqrt{5}$ g) $\sqrt{3}$ h) $\sqrt{6}$

127 a) $\dfrac{5\sqrt{3}}{6}$ b) $\dfrac{2\sqrt{2}}{3}$ c) $\dfrac{5\sqrt{6}}{6}$ d) $\dfrac{2\sqrt{6}}{3}$ e) $\dfrac{3\sqrt{30}}{8}$ f) $\dfrac{\sqrt{6}}{9}$ **128** a) $\dfrac{3\sqrt[7]{8}}{2}$

b) $\sqrt[5]{25}$ c) $\sqrt[5]{72}$ d) $\dfrac{3\sqrt[4]{2}}{4}$ e) $\dfrac{\sqrt[5]{25}}{3}$ f) $\dfrac{2\sqrt[5]{8}}{3}$ g) $\dfrac{5\sqrt[7]{625}}{3}$ h) $\dfrac{5\sqrt[7]{64}}{6}$

i) $\dfrac{\sqrt[3]{6}}{5}$ j) $\dfrac{2\sqrt[3]{5}}{3}$ k) $\dfrac{4\sqrt[12]{32}}{5}$ l) $\dfrac{5\sqrt[5]{81}}{2}$

5 – Potência de expoente racional Fracionário

Sabemos que se **a** e **b** são números reais positivos e n é um número natural não nulo, então:
$$a^n = b^n \Rightarrow a = b$$

Sabemos também que $(\sqrt[n]{a})^n = \sqrt[n]{a^n} = a$.

Seja $\frac{m}{n}$ um número racional fracionário (fração não aparente) postivo. Vamos dar significado para $a^{\frac{m}{n}}$, com a positivo, e satisfazendo a propriedade $(a^{\frac{m}{n}})^p = a^{p \cdot \frac{m}{n}}$.

Note que para p = n, obtemos $(a^{\frac{m}{n}})^n = a^{n \cdot \frac{m}{n}} = a^m$

Note também que $(\sqrt[n]{a^m})^n = \sqrt[n]{a^{n \cdot m}} = \sqrt[n]{(a^m)^n} = a^m$. Então:

$$(a^{\frac{m}{n}})^n = (\sqrt[n]{a^m})^n \Rightarrow \boxed{a^{\frac{m}{n}} = \sqrt[n]{a^m}}$$

Exemplos:

1) $5^{\frac{2}{7}} = \sqrt[7]{5^2}$; $6^{\frac{2}{3}} = \sqrt[3]{6^2}$; $(\sqrt{5})^{\frac{2}{5}} = \sqrt[5]{(\sqrt{5})^2} = \sqrt[5]{5}$

2) $3^{\frac{1}{2}} = \sqrt[2]{3^1} = \sqrt{3}$; $5^{\frac{1}{3}} = \sqrt[3]{5}$; $\sqrt[3]{2} = \sqrt[3]{2^1} = 2^{\frac{1}{3}}$

3) $\sqrt[3]{7^2} \cdot \sqrt[4]{7^3} \cdot \sqrt[6]{7} = 7^{\frac{2}{3}} \cdot 7^{\frac{3}{4}} \cdot 7^{\frac{1}{6}} = 7^{\frac{2}{3}+\frac{3}{4}+\frac{1}{6}} = 7^{\frac{8+9+2}{12}} = 7^{\frac{19}{12}} = 7^{1+\frac{7}{12}} = 7^1 \cdot 7^{\frac{7}{12}} = 7 \cdot \sqrt[12]{7^7}$;

$5^{0,6} = 5^{\frac{6}{10}} = 5^{\frac{3}{5}} = \sqrt[5]{5^3} = \sqrt[5]{125}$

---

131 Escrever usando radicais as seguintes potências:

a) $6^{\frac{2}{3}} =$

b) $5^{\frac{2}{7}} =$

c) $2^{\frac{7}{5}} =$

d) $7^{\frac{8}{12}} =$

e) $3^{0,8} =$

f) $6^{0,75} =$

132 Escrever usando potência de expoente fracionário, o número irracional, nos casos:

a) $\sqrt[4]{2^3} =$

b) $\sqrt[3]{5} =$

c) $\sqrt[7]{4} =$

d) $\sqrt[10]{64} =$

e) $\sqrt[8]{81} =$

133 Transformar em irracionais na forma de radical.

a) $5^{\frac{1}{2}} =$

b) $3^{\frac{1}{5}} =$

c) $6^{\frac{5}{10}} =$

d) $2^{\frac{1}{2}} =$

e) $3^{\frac{1}{2}} =$

f) $5^{\frac{1}{2}} =$

134 Transformar em número irracional na forma de expoente fracionário.

a) $\sqrt[5]{9} =$

b) $\sqrt[8]{16} =$

c) $\sqrt[7]{5} =$

d) $\sqrt[3]{25} =$

e) $\sqrt{15} =$

f) $\sqrt[3]{23} =$

135 Transformar em potência de expoente fracionário, simplificar e dar resposta na forma de radical.

a) $\sqrt[3]{2\sqrt{2}} =$

b) $\sqrt[3]{2} \cdot \sqrt{2} \cdot \sqrt[4]{2} =$

c) $\sqrt[4]{\sqrt[3]{4} \cdot \sqrt[4]{8}} =$

d) $\sqrt[10]{8} : \sqrt[15]{16} =$

136 Racionalizar o denominador das frações, nos casos:

a) $6 \cdot 3^{-\frac{3}{5}} =$

b) $\dfrac{3 \cdot 5^{\frac{1}{2}}}{10^{\frac{1}{2}} - 7^{\frac{1}{2}}} =$

Resp: 129 a) $\sqrt{7} - \sqrt{2}$ b) $3(\sqrt{23} - 3\sqrt{2})$ c) $5(3\sqrt{2} + 2\sqrt{3})$ d) $\dfrac{3}{2}(4\sqrt{3} - 3\sqrt{2})$ e) $2\sqrt{2} + \sqrt{3}$

f) $10\sqrt{5} - 15\sqrt{2}$ g) $\dfrac{1}{6}(30 - 13\sqrt{6})$ h) $\dfrac{1}{11}(6\sqrt{3} + 19)$ i) $\dfrac{2\sqrt{6} + 7}{5}$ j) $\dfrac{3\sqrt{2} + 2}{2}$

k) $\dfrac{5}{2}(\sqrt{5} - \sqrt{3})$ l) $2(5\sqrt{2} + 2\sqrt{3})$ m) $\dfrac{24\sqrt{6} + 59}{5}$ n) $\dfrac{43 - 24\sqrt{3}}{11}$ o) $\dfrac{70 - 24\sqrt{6}}{19}$

130 a) $\dfrac{\sqrt{30} + \sqrt{5}}{3}$ b) $5 - 2\sqrt{6}$ c) $8\sqrt{3} - 4\sqrt{6}$ d) $18\sqrt{6} + 6\sqrt{2} - 36$ e) 1

IV EQUAÇÕES

1 – Resolução por fatoração

1) Propriedade

Para $n \in \mathbb{N}^*$ e $a \in \mathbb{R}$, temos: $\boxed{a^n = 0 \Leftrightarrow a = 0}$

Exemplos:

1º) $x^2 = 0 \Rightarrow x = 0$, $7x^3 = 0 \Rightarrow x = 0$ 2º) $\dfrac{\sqrt[5]{3}}{7}(2x-3)^{11} = 0 \Rightarrow 2x-3 = 0 \Rightarrow 2x = 3 \Rightarrow x = \dfrac{3}{2}$

137 Resolver em $\mathbb{R}$ as equações:

a) $x^7 = 0$

b) $7\sqrt{5}\, x^4 = 0$

c) $(2\sqrt{5} - 1)x^2 = 0$

d) $(x - 5)^5 = 0$

e) $(2\sqrt{3} - 1)(2x - 3\sqrt{2})^7 = 0$

f) $(\pi - \sqrt{3})(3x - 2\sqrt{18})^5 = 0$

2) Propriedade

Para $a \in \mathbb{R}$ e $b \in \mathbb{R}$, temos: $\boxed{ab = 0 \Leftrightarrow a = 0 \text{ ou } b = 0}$

Exemplos:

1º) $(2x - 3)(3x - 9) = 0$
   $2x - 3 = 0$ ou $3x - 9 = 0$
   $2x = 3$ $3x = 9$
   $x = \dfrac{3}{2}$ $x = 3$
   $S = \left\{\dfrac{3}{2}, 3\right\}$

2º) $3x^7(2x - 12)^4(5x - 10)^3 = 0$
   $x = 0$ ou $2x - 12 = 0$ ou $5x - 10 = 0$
   $x = 0$ $2x = 12$ $5x = 10$
                 $x = 6$ $x = 2$
   $S = \{0, 2, 6\}$

138 Resolver em $\mathbb{R}$ as equações:

a) $(x - 3)(x + 3)(x - 5) = 0$

b) $3x^2(3x - 9)(2x - 4) = 0$

c) $\dfrac{3}{2}x^4(5x - 3)(3x - 7)^3 = 0$

d) $\sqrt{3}\, x^7 (4x + 6)^2 (8 - 12x)^3 = 0$

e) $3x^2 (3\sqrt{12} - 2x)^3 (\sqrt{18} - 3x)^4 (5x - \sqrt{125})^2 (343 - 49x)^5 = 0$

Resp: **131** a) $\sqrt[3]{36}$ b) $\sqrt[7]{25}$ c) $2\sqrt[5]{4}$ d) $\sqrt[3]{49}$ e) $\sqrt[5]{81}$ f) $\sqrt[4]{216}$ **132** a) $2^{\frac{3}{4}}$ b) $5^{\frac{1}{3}}$ c) $2^{\frac{2}{7}}$ d) $2^{\frac{3}{5}}$ e) $3^{\frac{1}{2}}$ **133** a) $\sqrt{5}$ b) $\sqrt[5]{3}$ c) $\sqrt{2}$ d) $\sqrt{2}$ e) $\sqrt{3}$ f) $\sqrt{5}$ **134** a) $3^{\frac{2}{3}}$ b) $2^{\frac{1}{2}}$ c) $5^{\frac{1}{5}}$ d) $5^{\frac{2}{3}}$ e) $15^{\frac{1}{2}}$ f) $23^{\frac{1}{3}}$ **135** a) $\sqrt{2}$ b) $2\sqrt[12]{128}$ c) $\sqrt[48]{2^{17}}$ d) $\sqrt[30]{2}$ **136** a) $2\sqrt[5]{9}$ b) $5\sqrt{2} + \sqrt{35}$

139 Resolver em **R** as equações:
Transformar em multiplicação (fatorar) primeiramente.

Exemplos:

1º) $x^2 + 7x + 10 = 0$
$(x + 2)(x + 5) = 0$
$x + 2 = 0$ ou $x + 5 = 0$
$x = -2$ ou $x = -5$
$S = \{-5, -2\}$

2º) $x^2 - 3x - 10 = 0$
$(x - 5)(x + 2) = 0$
$x - 5 = 0$ ou $x + 2 = 0$
$x = 5$ ou $x = -2$
$V = \{-2, 5\}$

3º) $x^2 - 5\sqrt{3}\,x + 18 = 0$
$(x - 3\sqrt{3})(x - 2\sqrt{3}) = 0$
$x - 3\sqrt{3} = 0$ ou $x - 2\sqrt{3} = 0$
$x = 3\sqrt{3}$ ou $x = 2\sqrt{3}$
$V = \{2\sqrt{3}, 3\sqrt{3}\}$

a) $x^2 + 8x + 15 = 0$

b) $x^2 - 7x + 10 = 0$

c) $x^2 - 2x - 15 = 0$

d) $x^2 - 6x + 8 = 0$

e) $x^2 + 6x + 8 = 0$

f) $x^2 - 2x - 8 = 0$

g) $x^2 + 2x - 8 = 0$

h) $x^2 - 10x + 21 = 0$

i) $x^2 + 4x - 21 = 0$

j) $x^2 - 7\sqrt{2}\,x + 20 = 0$

k) $x^2 + 6\sqrt{3}\,x + 24 = 0$

l) $x^2 - 2\sqrt{2}\,x - 30 = 0$

140 Resolver em **R** as equações:
Simplificar primeiramente e depois fatorar.

a) $2x(x-3) - x(x-18) + 35 = 0$

b) $(2x-3)(x-5) - x(x+2) = -21$

c) $2x(5-2x) - 5x(1-x) = 24$

d) $(2x-3)(3x-2) = 5(x^2-6)$

e) $2x(3x-1) - 3x(2x-1)(x+3) + 2x(x-4)(3x-1) = 20(7-2x^2)$

f) $(2x-3)(2x+3) - (2x-5)(3x-2) = (2-3x)(2+3x) + 257 - 2x$

Resp: **137** a) {0} b) {0} c) {0} d) {5} e) $\left\{\frac{3\sqrt{2}}{2}\right\}$ f) $\{2\sqrt{2}\}$ **138** a) {−3, 3, 5} b) {0, 2, 3}

c) $\left\{0, \frac{3}{5}, \frac{7}{3}\right\}$ d) $\left\{0, -\frac{3}{2}, \frac{2}{3}\right\}$ e) $V = \{0, \sqrt{2}, \sqrt{5}, 3\sqrt{3}, 7\}$

141 De acordo com a identidade $(a + b)^2 = a^2 + 2ab + b^2$, fatorando primeiramente, resolver as equações:

Exemplos:

1) $4x^2 + 4x + 1 = 0$ $(2x + 1)^2 = 0$ $2x + 1 = 0$ $x = -\frac{1}{2} \Rightarrow \quad V = \left\{-\frac{1}{2}\right\}$	2) $3x^2 + 18x + 27 = 0$ $x^2 + 6x + 9 = 0$ $(x + 3)^2 = 0$ $x + 3 = 0$ $x = -3 \Rightarrow \quad V = \{-3\}$	3) $x^2 + 2\sqrt{3}\,x + 3 = 0$ $(x + \sqrt{3})^2 = 0$ $x + \sqrt{3} = 0$ $x = -\sqrt{3} \Rightarrow V = \{-\sqrt{3}\}$
a) $x^2 + 10x + 25 = 0$	b) $x^2 + 4x + 4 = 0$	c) $2x^2 + 20x + 50 = 0$
d) $3x^2 + 24x + 48 = 0$	e) $9x^2 + 6x + 1 = 0$	f) $4x^2 + 12x + 9 = 0$

142 De acordo com a identidade $(a - b)^2 = a^2 - 2ab + b^2$, fatorando primeiramente, resolver as equações:

Exemplo: $5x^2 - 30x + 45 = 0 \Rightarrow x^2 - 6x + 9 = 0 \Rightarrow (x - 3)^2 = 0 \Rightarrow x - 3 = 0 \Rightarrow \boxed{x = 3} \Rightarrow V = \{3\}$

a) $x^2 - 14x + 49 = 0$	b) $3x^2 - 12x + 12 = 0$	c) $9x^2 - 12x + 4 = 0$

143 Resolver:

a) $x^2 + 2\sqrt{7}\,x + 7 = 0$	b) $9x^2 + 6\sqrt{2}\,x + 2 = 0$	c) $3x^2 - 2\sqrt{15}\,x + 5 = 0$

144 Determine o valor de **x**. Economizar passagens. Observar os exemplos:

Exemplos:

1) x − 7 = 2 x = 9	2) 2x − 8 = 0 x = 4	3) (3x − 12)² = 0 x = 4	4) (x + 2)(x − 3) = 0 x = − 2 ou x = 3
a) 2x − 10 = 0 x =	x − 8 = 2 x =	7 − x = 0 x =	x + 5 = 0 x =
b) 8 + x = 0	2 − x = 0	3x − 2 = 0	5x − 3 = 0
c) 7x − 21 = 0	8x − 32 = 0	3x + 21 = 0	(7x − 35)² = 0
d) (x − 3)(x − 7) = 0	(x − 5)² = 0	(2x + 10)² = 0	(3x − 6)(5x + 20) = 0
e) (18 − 2x)² = 0	(27 − 9x)² = 0	(2x − 5)² = 0	(3 − 2x)(5 − 3x) = 0

145 Fatorar e em seguida determinar x.

a) x² − 10x + 25 = 0	x² + 12x + 36 = 0	x² − 18x + 81 = 0	x² + 8x + 16 = 0
b) 4x² − 12x + 9 = 0	25x² − 20x + 4 = 0	4x² + 28x + 49 = 0	49x² + 42x + 9 = 0
c) x² − 9x + 20 = 0	x² + 15x + 50 = 0	x² − 10x + 21 = 0	x² − 17x + 70 = 0

Resp: 139 a){−3, −5} b) {2, 5} c) {−3, 5} d){2, 4} e) {−4, −2} f) {−2, 4} g) {−4, 2} h) {3, 7} i) {−7, 3}
j) {2√2, 5√2} k) {−4√3, −2√3} l) {−3√2, 5√2} **140** a){−7, −5} b) {3, 12} c) {−8, 3} d) {4, 9}
e) {−7, 4} f) {−8, 5}

2 – Equação do 2º grau

Definição: Chamamos de equação do 2º grau a equação polinomial que pode ser reduzida à forma $ax^2 + bx + c = 0$, com $a \neq 0$. Nesta abordagem vamos considerar a, b e c sendo números reais.

1) Equação do 2º grau incompleta onde apenas c = 0

$$ax^2 + bx = 0 \text{, com } a \neq 0 \text{ e } b \neq 0$$

Na resolução usamos a propriedade: $\alpha \cdot \beta = 0 \Rightarrow \alpha = 0$ ou $\beta = 0$

Exemplos:

Esta equação tem uma raiz **nula** e a outra **não nula**.

1) $x^2 - 8x = 0$	2) $7x^2 - 14x = 0$	3) $2x^2 + 7x = 0$	4) $2x^2 - \sqrt{18}\, x = 0$
$x(x - 8) = 0$	$x^2 - 2x = 0$	$x(2x + 7) = 0$	$x(2x - 3\sqrt{2}) = 0$
	$x(x - 2) = 0$		
$S = \{0, 8\}$	$S = \{0, 2\}$	$S = \left\{0, -\dfrac{7}{2}\right\}$	$S = \left\{0, \dfrac{3\sqrt{2}}{2}\right\}$

146 Resolver as seguintes equações:

a) $x^2 + 10x = 0$ | $x^2 - 4x = 0$ | $3x^2 - 15x = 0$ | $3x^2 - 5x = 0$

b) $3x^2 + \sqrt{2}\, x = 0$ | $7x^2 - 49x = 0$ | $9x^2 + 72x = 0$ | $5x^2 - 25\sqrt{2}\, x = 0$

147 Resolver as equações:

a) $(3x - 4)(2x + 3) = 5x - 12$

b) $(3x - 2)^2 = (x - 3)^2 + 5(2x - 1)$

c) $(3x - 5)^2 = (2x + 5)^2 - 30x$

d) $(4 - 3x)(4 + 3x) = (4 - 5x)^2 - 11x$

2) Equação do 2º grau incompleta onde apenas b = 0

$$ax^2 + c = 0, \text{ com } a \neq 0 \text{ e } c \neq 0$$

Se **a** e **c** têm sinais iguais, esta equação **não tem raízes reais**.

Se **a** e **c** têm sinais diferentes, esta equação **tem raízes opostas**.

Na resolução usamos a propriedade: $x^2 = \alpha, \; \alpha \geqslant 0 \Rightarrow x = \pm\sqrt{\alpha}$

Exemplos:

1) $2x^2 - 18 = 0$
   $x^2 = 9$
   $x = \pm\sqrt{9}$
   $x = \pm 3$
   $V = \{\pm 3\}$

2) $x^2 - 49 = 0$
   $x^2 = 49$
   $x = \pm\sqrt{49}$
   $x = \pm 7$
   $V = \{\pm 7\}$

3) $x^2 + 9 = 0$
   $x^2 = -9$
   $x = \pm\sqrt{-9}$
   $x \notin R$
   $V = \varnothing$

4) $x^2 - 20 = 0$
   $x^2 = 20$
   $x = \pm\sqrt{20}$
   $x = \pm 2\sqrt{5}$
   $V = \{\pm 2\sqrt{5}\}$

148 Resolver as equações:

a) $5x^2 - 45 = 0$ | $4x^2 - 9 = 0$ | $5x^2 + 10 = 0$ | $x^2 - 2 = 0$

b) $2x^2 - 24 = 0$ | $5x^2 - 80 = 0$ | $5x^2 - 90 = 0$ | $8 - 9x^2 = 0$

c) $3x^2 - 60 = 0$ | $7x^2 - 84 = 0$ | $16x^2 - 75 = 0$ | $2x^2 - 5 = 0$

Resp: **141** a) $\{-5\}$ b) $\{-2\}$ c) $\{-5\}$ d) $\{-4\}$ e) $\left\{-\frac{1}{3}\right\}$ f) $\left\{-\frac{3}{2}\right\}$ **142** a) $\{7\}$ b) $\{2\}$ c) $\left\{\frac{2}{3}\right\}$

143 a) $\{-\sqrt{7}\}$ b) $\left\{\frac{-\sqrt{2}}{3}\right\}$ c) $\left\{\frac{\sqrt{15}}{3}\right\}$ **144** a) $5, 10, 7, -5$ b) $-8, 2, \frac{2}{3}, \frac{3}{5}$ c) $3, 4, -7, 5$

d) $3\vee 7,\; 5,-5,\; 2\vee -4$ e) $9,\; 3,\; \frac{5}{2},\; \frac{3}{2}\vee\frac{5}{3}$ **145** a) $5,-6, 9,-4$ b) $\frac{3}{2}, \frac{2}{5}, -\frac{7}{2}, -\frac{3}{7}$

c) $4\vee 5,\; -5\vee -10,\; 3\vee 7,\; 7\vee 10$

149 Resolver as equações:

a) $(3x + 2)^2 - 55 = (2x + 3)^2$

b) $(5x - 7)(5x + 7) - 6(4x - 3) = (4x - 3)^2$

c) $(3x - 5)^2 - (2x + 3)^2 = 14(2 - 3x)$

d) $14x^2 - (2x - 3)(3x + 5) = 16 - x$

150 Resolver as equações:

a) $(2x - 1)(3x + 4) = (3x + 2)^2 - 8$

b) $34 - (3x - 5)^2 - (x - 2)^2 - 34x = 0$

c) $2(3 - 2x)^2 = (x + 5)(x - 5) + 43$

d) $(3x - 1)(3x + 1) - 2(x - 2)^2 = 4x(x + 2)$

151 Resolver as seguintes equações:

a) $\dfrac{2x^2}{3} - \dfrac{4x-1}{4} - \dfrac{3x-1}{2} = \dfrac{3}{4}$

b) $\dfrac{3x}{2} - \dfrac{x-8x^2}{6} - \dfrac{4x}{3} = \dfrac{3}{2}$

c) $(6x - 13)^2 = 25$

d) $3(7x - 25)^2 - 2(7x - 25) = 0$

e) $2(3x - 15)^2 - 3(3x - 15) = 0$

f) $7(4x - 21)^2 - 343 = 0$

g) $2(x^2 - 7x + 12)^2 - 84(x^2 - 7x + 12) = 0$

Resp: **146** a) $\{0, -10\}, \{0, 4\}, \{0, 5\}, \left\{0, \dfrac{5}{3}\right\}$ b) $\left\{0, -\dfrac{\sqrt{2}}{3}\right\}, \{0, 7\}, \{0, -8\}, \{0, 5\sqrt{2}\}$ **147** a) $\left\{0, \dfrac{2}{3}\right\}$ b) $\{0, 2\}$ c) $\{0, 4\}$ d) $\left\{0, \dfrac{3}{2}\right\}$

148 a) $\{\pm 3\}, \left\{\pm \dfrac{3}{2}\right\}, \varnothing, \{\pm \sqrt{2}\}$ b) $\{\pm 2\sqrt{3}\}, \{\pm 4\}, \{\pm 3\sqrt{2}\}, \left\{\pm \dfrac{2\sqrt{2}}{3}\right\}$ c) $\{\pm 2\sqrt{5}\}, \{\pm 2\sqrt{3}\}, \left\{\pm \dfrac{5\sqrt{3}}{4}\right\}, \left\{\pm \dfrac{\sqrt{10}}{2}\right\}$

152 Resolver as seguintes equações:

a) $3x^2 - 2\sqrt{2}\,x = 0$

b) $2\sqrt{3}\,x^2 + 6x = 0$

c) $3x^2 - 4 = 0$

d) $5x^4 - 9x^2 = 0$

e) $\sqrt{3}\,x^2 - 4 = 0$

f) $2x^2 - 6\sqrt{2}\,x + 9 = 0$

g) $3x^2 - 10\sqrt{3}\,x + 25 = 0$

h) $\sqrt{2}\,x^2 + x^2 - 6x = 0$

i) $\sqrt{3}\,x^3 - x^3 - 2x^2 = 0$

j) $(2\sqrt{3}\,x + 1)^2 - 4(x + \sqrt{3})^2 = (2\sqrt[4]{3}\,x + \sqrt{5})(2\sqrt[4]{3}\,x - \sqrt{5}) - 6$

k) $(2x - 3)(3x - 4) - 2(3x - 1)(x + 1) - 3(1 - 2x)(1 + 3x) = 5(6x - 5) - 2(7 - 3x)$

3) Equação do 2º grau completa

$ax^2 + bx + c = 0$, com $a \neq 0$, $b \neq 0$ e $c \neq 0$ ($a \cdot b \cdot c \neq 0$)

Exemplo: $7x^2 - 4x - 2 = 0$. Note que $a = 7$, $b = -4$ e $c = -2$

Revisão fundamental:

153 Determinar os valores de:

a) $8^2 =$	$9^2 =$	$11^2 =$	$13^2 =$
b) $(-9)^2 =$	$-9^2 =$	$-11^2 =$	$(-13)^2 =$
c) $12^2 =$	$-12^2 =$	$(-12)^2 =$	$15^2 =$
d) $-15^2 =$	$(-15)^2 =$	$(-17)^2 =$	$-17^2 =$
e) $-19^2 =$	$(-19)^2 =$	$-16^2 =$	$16^2 =$
f) $(-3m)^2 =$	$(-4m)^2 =$	$(-7m)^2 =$	$(-9n)^2 =$

154 Determinar:

a) $4(2)(3) =$	$4 \cdot 5(-2) =$	$4 \cdot 3(-1) =$
b) $-4 \cdot 3 \cdot 2 =$	$-4 \cdot 2 \cdot 5 =$	$-4 \cdot 2(-2) =$
c) $-4 \cdot 7(-1) =$	$-4 \cdot 3(-2) =$	$-4 \cdot 3 \cdot 5 =$
d) $-4 \cdot 3(-5) =$	$-4 \cdot 5 \cdot 7 =$	$-4 \cdot 5(-7) =$
e) $-4 \cdot m(-2m) =$	$-4 \cdot 3m(-2m) =$	$-4 \cdot m(-5m) =$

155 Determinar:

a) $\sqrt{16} =$	$\sqrt{64} =$	$\sqrt{81} =$	$-\sqrt{100} =$
b) $-\sqrt{121} =$	$\sqrt{144} =$	$\sqrt{169} =$	$-\sqrt{196} =$
c) $\sqrt{225} =$	$-\sqrt{256} =$	$-\sqrt{289} =$	$\sqrt{324} =$
d) $\sqrt{361} =$	$-\sqrt{400} =$	$\sqrt{441} =$	$\sqrt{484} =$
e) $\sqrt{529} =$	$\sqrt{576} =$	$-\sqrt{625} =$	$\sqrt{676} =$
f) $\sqrt{729} =$	$\sqrt{784} =$	$\sqrt{841} =$	$\sqrt{900} =$
g) $-\sqrt{361} =$	$-\sqrt{529} =$	$-\sqrt{729} =$	$-\sqrt{841} =$

Resp: 149 a) $\{\pm 2\sqrt{3}\}$ b) $\left\{\pm \frac{2\sqrt{10}}{3}\right\}$ c) $\left\{\pm \frac{2\sqrt{15}}{5}\right\}$ d) $\left\{\pm \frac{\sqrt{2}}{4}\right\}$

150 a) $\left\{0, -\frac{7}{4}\right\}$ b) $\left\{\pm \frac{\sqrt{2}}{2}\right\}$ c) $\left\{0, \frac{24}{7}\right\}$ d) $\{\pm\sqrt{3}\}$

151 a) $\left\{0, \frac{5}{4}\right\}$ b) $\left\{\pm \frac{3\sqrt{2}}{4}\right\}$ c) $\left\{3, \frac{4}{3}\right\}$ d) $\left\{\frac{11}{3}, \frac{25}{7}\right\}$ e) $\left\{5, \frac{11}{2}\right\}$ f) $\left\{7, \frac{7}{2}\right\}$ g) $\{-3, 3, 4, 10\}$

156 Determinar:

a) $\sqrt{9 \cdot 16} =$	$\sqrt{4 \cdot 36} =$	$\sqrt{9 \cdot 36} =$	$\sqrt{25 \cdot 9} =$
b) $\sqrt{64 \cdot 81} =$	$\sqrt{49 \cdot 64} =$	$\sqrt{81 \cdot 36} =$	$\sqrt{144 \cdot 16} =$

157 Determinar:

a) $\sqrt{4 \cdot 5} =$	$\sqrt{9 \cdot 7} =$	$\sqrt{4 \cdot 7} =$	$\sqrt{9 \cdot 5} =$
b) $\sqrt{16 \cdot 3} =$	$\sqrt{16 \cdot 5} =$	$\sqrt{25 \cdot 5} =$	$\sqrt{25 \cdot 3} =$
c) $\sqrt{36 \cdot 3} =$	$\sqrt{64 \cdot 3} =$	$\sqrt{64 \cdot 5} =$	$\sqrt{81 \cdot 3} =$

158 Simplificar, determinando mentalmente dois fatores onde um deles é o maior quadrado possível, as seguintes expressões:

a) $\sqrt{18} =$	$\sqrt{20} =$	$\sqrt{24} =$	$\sqrt{28} =$
b) $\sqrt{50} =$	$\sqrt{27} =$	$\sqrt{32} =$	$\sqrt{48} =$
c) $\sqrt{75} =$	$\sqrt{40} =$	$\sqrt{60} =$	$\sqrt{90} =$
d) $\sqrt{45} =$	$\sqrt{72} =$	$\sqrt{80} =$	$\sqrt{98} =$
e) $\sqrt{200} =$	$\sqrt{300} =$	$\sqrt{500} =$	$\sqrt{600} =$
f) $\sqrt{44} =$	$\sqrt{76} =$	$\sqrt{54} =$	$\sqrt{800} =$
g) $\sqrt{52} =$	$\sqrt{96} =$	$\sqrt{117} =$	$\sqrt{56} =$
h) $\sqrt{112} =$	$\sqrt{68} =$	$\sqrt{63} =$	$\sqrt{84} =$

159 Se $m \geq 0$, $n \geq 0$, simplificar:

a) $\sqrt{25m^2} =$	$\sqrt{36m^2} =$	$\sqrt{64m^2n^2} =$	$\sqrt{100m^2n^2} =$
b) $\sqrt{12m^2} =$	$\sqrt{44n^2} =$	$\sqrt{45m^2n^2} =$	$\sqrt{18n^2} =$

160 Simplificar a expressão:

a) $\sqrt{16} - \sqrt{25} + \sqrt{36}$	$\sqrt{64} - \sqrt{81} + \sqrt{49}$	$2\sqrt{64} - 3\sqrt{25} - 2\sqrt{9}$
b) $\sqrt{121} - \sqrt{81} + \sqrt{144}$	$\sqrt{361} - \sqrt{121} + \sqrt{289}$	$\sqrt{529} - \sqrt{784} + \sqrt{841}$

161 Dados a, b e c, determinar o número Δ = b² − 4ac, nos casos:
(Δ é a letra grega maiúscula chamada delta).

a) a = 2, b = 4, c = 1	a = 3, b = 6, c = − 2	a = 1, b = − 7, c = − 2
Δ = b² − 4ac		
Δ = ( )² − 4( )( )		
Δ =		
b) a = 3, b = 7, c = 3	a = 1, b = − 4, c = − 1	a = 5, b = 4, c = − 2
Δ = ( )² − 4 ( )( )		
Δ =		
c) a = 3, b = 4, c = − 3	a = 2, b = − 2, c = − 1	a = 7, b = − 3, c = 2
Δ = =		
d) a = 3, b = 2m, c = 3m²	a = 4m², b = − 3m, c = −1	a = 2n, b = − 3n, c = − n

162 Escrever na forma $ax^2 + bx + c = 0$, com $a > 0$ e a, b e c primos entre si, e em seguida determinar os valores de a, b e c, as seguintes equações:

a) $8x^2 + 4x - 6 = 0$	$16x^2 - 24x + 8 = 0$	$-5x^2 - 7x + 2 = 0$
b) $-6x^2 + 9x + 3 = 0$	$-15x^2 - 5x + 25 = 0$	$-8x^2 + 4x - 16 = 0$
c) $3x^2 - 7x + 8 = 17x^2 + 7x - 27$	$-4x^2 - x + 6 = 11x^2 - 6x + 46$	

Resp: **152** a) $\left\{0, \frac{2\sqrt{2}}{3}\right\}$ b) $\{0, -\sqrt{3}\}$ c) $\left\{\pm\frac{2\sqrt{3}}{3}\right\}$ d) $\left\{0, \pm\frac{3\sqrt{5}}{5}\right\}$ e) $\left\{\pm\frac{2\sqrt[4]{27}}{3}\right\}$ f) $\left\{\frac{3\sqrt{2}}{2}\right\}$ g) $\left\{\frac{5\sqrt{3}}{3}\right\}$

h) $\{0, 6\sqrt{2} - 6\}$ i) $\{0, \sqrt{3} + 1\}$ j) $\{0, 2\sqrt{3} + 3\}$ k) $\left\{\frac{5}{3}\right\}$ **153** a) 64, 81, 121, 169   b) 81, − 81, − 121, 169

c) 144, − 144, 144, 225   d) − 225, 225, 289, − 289   e) − 361, 361, − 256, 256   f) 9m², 16m², 49n², 81n²

154 a) 24, − 40, − 12   b) − 24, − 40, 16   c) 28, 24, − 60   d) 60, − 140, 140   e) 8m², 24m², 20m²

155 a) 4, 8, 9, − 10   b) − 11, 12, 13, − 14   c) 15, − 16, − 17, 18   d) 19, − 20, 21, 22   e) 23, 24, − 25, 26

f) 27, 28, 29, 30   g) − 19, − 23, − 27, − 29

163 Em cada caso é dada uma equação do 2º grau com a > 0 e a, b e c primos entre si. Observando os valores de a, b e c, determinar o discriminante da equação dada.

Discriminante da equação $ax^2 + bx + c = 0$ é $\Delta = b^2 - 4ac$.

a) $3x^2 - 5x - 2 = 0$
$\Delta = b^2 - 4ac$

$5x^2 - 8x + 2 = 0$

b) $4x^2 - 4x + 1 = 0$

$9x^2 - 12x + 4 = 0$

c) $3x^2 - x - 4 = 0$

$6x^2 + 7x - 5 = 0$

d) $6x^2 - 11x - 7 = 0$

$8x^2 + 2x - 15 = 0$

164 Simplificar o valor de x nos casos:

a) $x = \dfrac{6+8}{2}$ | $x = \dfrac{-6+10}{2}$ | $x = \dfrac{8-20}{4}$ | $x = \dfrac{-2-22}{6}$

b) $x = \dfrac{-6+18}{8}$ | $x = \dfrac{8-26}{12}$ | $x = \dfrac{-3+24}{14}$ | $x = \dfrac{-6-29}{42}$

c) $x = \dfrac{8-\sqrt{12}}{4}$ | $x = \dfrac{-10+\sqrt{50}}{10}$ | $x = \dfrac{-8-\sqrt{48}}{12}$ | $x = \dfrac{-9-\sqrt{108}}{6}$

d) $x = \dfrac{4-\sqrt{20}}{6}$ | $x = \dfrac{-9-\sqrt{72}}{6}$ | $x = \dfrac{15-\sqrt{200}}{10}$ | $x = \dfrac{18-\sqrt{288}}{24}$

e) $x = \dfrac{14-\sqrt{98}}{21}$ | $x = \dfrac{27+\sqrt{162}}{45}$ | $x = \dfrac{44-\sqrt{192}}{36}$ | $x = \dfrac{35-\sqrt{147}}{28}$

4) Dedução da formula de Báskara

Observar:

I) As seguintes fatorações:

$$x^2 + x + \frac{1}{4} = \left(x + \frac{1}{2}\right)^2; \quad x^2 - ax + \frac{a^2}{4} = \left(x - \frac{a}{2}\right)^2; \quad x^2 - \frac{b}{a}x + \frac{b^2}{4a^2} = \left(x - \frac{b}{2a}\right)^2$$

II) As resoluções das seguintes equações:

1) $\left(x - \frac{1}{6}\right)^2 = \frac{9}{16} \Rightarrow x - \frac{1}{6} = \pm\sqrt{\frac{9}{16}} \Rightarrow x - \frac{1}{6} = \pm\frac{3}{4} \Rightarrow x = \frac{1}{6} \pm \frac{3}{4} \Rightarrow$

$\Rightarrow x = \frac{2 \pm 9}{12} \Rightarrow x = \frac{2+9}{12} = \frac{11}{12}$ ou $x = \frac{2-9}{12} = \frac{-7}{12} \Rightarrow x = \frac{11}{12}$ ou $x = \frac{-7}{12}$

2) $\left(x - \frac{b}{a}\right)^2 = \frac{4b^2}{49a^2} \Rightarrow x - \frac{b}{a} = \pm\frac{2b}{7a} \Rightarrow x = \frac{b}{a} \pm \frac{2b}{7a} \Rightarrow x = \frac{7b \pm 2b}{7a} \Rightarrow$

$x = \frac{7b+2b}{7a} = \frac{9b}{7a}$ ou $x = \frac{7b-2b}{7a} = \frac{5b}{7a} \Rightarrow x = \frac{9b}{7a}$ ou $x = \frac{5b}{7a}$

III) Que parcela devemos somar a um determinado binômio para obtemos um trinômio quadrado perfeito:

1) $x^2 + 6ax \Rightarrow \left(\frac{1}{2} 6a\right)^2 = (3a)^2 = 9a^2 \Rightarrow x^2 + 6ax + 9a^2 = (x + 3a)^2$

2) $x^2 - \frac{b}{a}x \Rightarrow \left(\frac{1}{2} \frac{b}{a}\right)^2 = \frac{b^2}{4a^2} \Rightarrow x^2 - \frac{b}{a}x + \frac{b^2}{4a^2} = \left(x - \frac{b}{2a}\right)^2$

Consideremos agora a equação $ax^2 + bx + c = 0$, com $a \neq 0$

Dividindo ambos os membros por **a**, obtemos:

$\frac{a}{a}x^2 + \frac{b}{a}x + \frac{c}{a} = 0 \Rightarrow x^2 + \frac{b}{a}x + \frac{c}{a} = 0 \Rightarrow x^2 + \frac{b}{a}x = -\frac{c}{a}$

Vamos somar $\frac{b^2}{4a^2}$ a ambos os membros para obtemos um trinômio quadrado perfeito no primeiro membro:

$x^2 + \frac{b}{a}x + \frac{b^2}{4a^2} = \frac{b^2}{4a^2} - \frac{c}{a} \Rightarrow \left(x + \frac{b}{2a}\right)^2 = \frac{b^2 - 4ac}{4a^2} \Rightarrow$

$x + \frac{b}{2a} = \pm\sqrt{\frac{b^2 - 4ac}{4a^2}} \Rightarrow x + \frac{b}{2a} = \pm\frac{\sqrt{b^2 - 4ac}}{2a} \Rightarrow x = \frac{-b}{2a} \pm \frac{\sqrt{b^2 - 4ac}}{2a} \Rightarrow$

$x = \frac{-b \pm \sqrt{b^2 - 4ac}}{2a} \Rightarrow x = \frac{-b + \sqrt{b^2 - 4ac}}{2a}$ ou $\Rightarrow x = \frac{-b - \sqrt{b^2 - 4ac}}{2a}$

Resp: **156** a) 12, 12, 18, 15   b) 72, 56, 54, 48   **157** a) $2\sqrt{5}, 3\sqrt{7}, 2\sqrt{7}, 3\sqrt{5}$ b) $4\sqrt{3}, 4\sqrt{5}, 5\sqrt{5}, 5\sqrt{3}$

c) $6\sqrt{3}, 8\sqrt{3}, 8\sqrt{5}, 9\sqrt{3}$ **158** a) $3\sqrt{2}, 2\sqrt{5}, 2\sqrt{6}, 2\sqrt{7}$ b) $5\sqrt{2}, 3\sqrt{3}, 4\sqrt{2}, 4\sqrt{3}$

c) $5\sqrt{3}, 2\sqrt{10}, 2\sqrt{15}, 3\sqrt{10}$ d) $3\sqrt{5}, 6\sqrt{2}, 4\sqrt{5}, 7\sqrt{2}$ e) $10\sqrt{2}, 10\sqrt{3}, 10\sqrt{5}, 10\sqrt{6}$

f) $2\sqrt{11}, 2\sqrt{19}, 3\sqrt{6}, 20\sqrt{2}$ g) $2\sqrt{13}, 4\sqrt{6}, 3\sqrt{13}, 2\sqrt{14}$ h) $4\sqrt{7}, 2\sqrt{17}, 3\sqrt{7}, 2\sqrt{21}$

159 a) 5m, 6m, 8mn, 10mn   b) $2m\sqrt{3}, 2n\sqrt{11}, 3mn\sqrt{5}, 3n\sqrt{2}$ **160** a) 5, 6, – 5   b) 14, 25, 24

161 a) 8, 60, 57   b) 13, 20, 56   c) 52, 12, – 47   d) $-32m^2, 25m^2, 17n^2$

162 a) $a = 4, b = 2, c = -3$; $a = 2, b = -3, c = 1$; $a = 5, b = 7, c = -2$ b) $a = 2, b = -3, c = -1$; $a = 3, b = 1$,

$c = -5; a = 2, b = -1, c = 4$ c) $a = 2, b = 2, c = -5; a = 3, b = -1, c = 8$

Se $b^2 - 4ac \geq 0$, as raízes são reais e se $b^2 - 4ac < 0$, a equação não tem raízes reais.
$b^2 - 4ac$ é chamado discriminante da equação $ax^2 + bx + c = 0$, $a \neq 0$.
Indicando $b^2 - 4ac$ por Δ, isto é: $\Delta = b^2 - 4ac$ obtemos:

> Fórmula de Báskara: $x = \dfrac{-b \pm \sqrt{\Delta}}{2a}$, $\Delta = b^2 - 4ac$
>
> $\Delta < 0 \Rightarrow S = \varnothing$ e $\Delta \geq 0 \Rightarrow S = \left\{\dfrac{-b + \sqrt{\Delta}}{2a}, \dfrac{-b - \sqrt{\Delta}}{2a}\right\}$

Exemplo: Resolver as seguintes equações:

1) $6x^2 + 7x - 3 = 0$ Note que $a = 6$, $b = 7$ e $c = -3$

$x = \dfrac{-b \pm \sqrt{b^2 - 4ac}}{2a} \Rightarrow x = \dfrac{-7 \pm \sqrt{7^2 - 4(6)(-3)}}{2(6)} \Rightarrow x = \dfrac{-7 \pm \sqrt{49 + 72}}{12} \Rightarrow$

$x = \dfrac{-7 \pm \sqrt{121}}{12} \Rightarrow x = \dfrac{-7 \pm 11}{12} \Rightarrow x = \dfrac{-7 + 11}{12}$ ou $x = \dfrac{-7 - 11}{12} \Rightarrow x = \dfrac{4}{12}$ ou $x = \dfrac{-18}{12}$

$\Rightarrow x = \dfrac{1}{3}$ ou $x = \dfrac{-3}{2} \Rightarrow V = \left\{-\dfrac{3}{2}, \dfrac{1}{3}\right\}$

outro modo: $\Delta = b^2 - 4ac$ e $x = \dfrac{-b \pm \sqrt{\Delta}}{2a}$

$\Delta = 7^2 - 4(6)(-3) \Rightarrow \Delta = 49 + 72 \Rightarrow \Delta = 121$

$x = \dfrac{-7 \pm \sqrt{121}}{2(6)} \Rightarrow x = \dfrac{-7 \pm 11}{12} \Rightarrow x = \dfrac{-7 + 11}{12} = \dfrac{4}{12} = \dfrac{1}{3}$ ou $x = \dfrac{-7 - 11}{12} = \dfrac{-18}{12} = \dfrac{-3}{2}$

$\Rightarrow x = \dfrac{1}{3}$ ou $x = \dfrac{-3}{2} \Rightarrow V = \left\{\dfrac{-3}{2}, \dfrac{1}{3}\right\}$

2) $\dfrac{2}{3}x^2 - \dfrac{1}{2}x - \dfrac{3}{4} = 0$

É possível obtermos uma equação equivalente a esta (equação que tem as mesmas raízes que ela), com os coeficientes a, b e c inteiros, mas vamos resolver com $a = \dfrac{2}{3}$, $b = -\dfrac{1}{2}$ e $c = -\dfrac{3}{4}$ para comparar os modos:

$\Delta = b^2 - 4ac$

$\Delta = \left(-\dfrac{1}{2}\right)^2 - 4\left(\dfrac{2}{3}\right)\left(-\dfrac{3}{4}\right)$

$\Delta = \dfrac{1}{4} + 2 = \dfrac{9}{4}$

$x = \dfrac{-b \pm \sqrt{\Delta}}{2a} \Rightarrow x = \dfrac{-\left(-\dfrac{1}{2}\right) \pm \sqrt{\dfrac{9}{4}}}{2\left(\dfrac{2}{3}\right)} = \dfrac{\dfrac{1}{2} \pm \dfrac{3}{2}}{\dfrac{4}{3}} = \dfrac{1 \pm 3}{2} \cdot \dfrac{3}{4} \Rightarrow$

$x = \dfrac{1 + 3}{2} \cdot \dfrac{3}{4} = \dfrac{3}{2}$ ou $x = \dfrac{1 - 3}{2} \cdot \dfrac{3}{4} = -\dfrac{3}{4} \Rightarrow V = \left\{-\dfrac{3}{4}, \dfrac{3}{2}\right\}$

Outro modo: Eliminando primeiramente os denominadores

$\dfrac{2}{3}x^2 - \dfrac{1}{2}x - \dfrac{3}{4} = 0$ (mmc = 12) $\Rightarrow 8x^2 - 6x - 9 = 0 \Rightarrow a = 8, b = -6, c = -9$

$\Delta = b^2 - 4ac \Rightarrow \Delta = (-6)^2 - 4(8)(-9) \Rightarrow \Delta = 36 + 288 = 324$

$x = \dfrac{-b \pm \sqrt{\Delta}}{2a} \Rightarrow x = \dfrac{-(-6) \pm \sqrt{324}}{2 \cdot 8} \Rightarrow x = \dfrac{6 \pm 18}{16} \Rightarrow x = \dfrac{6 + 18}{16}$ ou $x = \dfrac{6 - 18}{16}$

$\Rightarrow x = \dfrac{24}{16}$ ou $x = \dfrac{-12}{16} \Rightarrow x = \dfrac{3}{2}$ ou $x = -\dfrac{3}{4} \Rightarrow V = \left\{-\dfrac{3}{4}, \dfrac{3}{2}\right\}$

Exemplo (continuação)

3) $-18x^2 - 3x + 6 = 0$

Na resolução é conveniente, quando possível, transformarmos a equação em uma equivalente com coeficientes inteiros, sem divisor comum e com a > 0.

$-18x^2 - 3x + 6 = 0$ Dividindo ambos os membros por (−3) obtemos:

$6x^2 + 1x - 2 = 0 \Rightarrow a = 6, \ b = 1 \ e \ c = -2$. Então:

$\Delta = b^2 - 4ac \Rightarrow \Delta = 1^2 - 4 \cdot 6 \cdot (-2) \Rightarrow \Delta = 1 + 48 = 49 = 7^2$

$x = \dfrac{-b \pm \sqrt{\Delta}}{2a} \Rightarrow x = \dfrac{-1 \pm 7}{2 \cdot 6} \Rightarrow x = \dfrac{6}{12}$ ou $x = \dfrac{-8}{12} \Rightarrow x = \dfrac{1}{2}$ ou $x = \dfrac{-2}{3} \Rightarrow \left\{\dfrac{1}{2}, \dfrac{-2}{3}\right\}$

---

4) $2x^2 - 3\sqrt{3}\,x - 6 = 0 \Rightarrow a = 2, \ b = -3\sqrt{3} \ e \ c = -6$

$\Delta = b^2 - 4ac \Rightarrow \Delta = (-3\sqrt{3})^2 - 4(2)(-6) \Rightarrow \Delta = 27 + 48 \Rightarrow \Delta = 75 \Rightarrow \Delta = 5^2 \cdot 3$

$x = \dfrac{-b \pm \sqrt{\Delta}}{2a} \Rightarrow x = \dfrac{-(-3\sqrt{3}) \pm \sqrt{5^2 \cdot 3}}{2(2)} \Rightarrow x = \dfrac{3\sqrt{3} \pm 5\sqrt{3}}{4} \Rightarrow x = \dfrac{3\sqrt{5} + 5\sqrt{3}}{4}$ ou $x = \dfrac{3\sqrt{5} - 5\sqrt{3}}{4} \Rightarrow$

$\Rightarrow x = \dfrac{8\sqrt{3}}{4}$ ou $x = \dfrac{-2\sqrt{3}}{4} \Rightarrow x = 2\sqrt{3}$ ou $x = -\dfrac{\sqrt{3}}{2} \Rightarrow V = \left\{-\dfrac{\sqrt{3}}{2}; 2\sqrt{3}\right\}$

---

5) $2x^2 + 3x - 2 = 0$ **outro modo:** $2x^2 + 3x - 2 = 0$

$x = \dfrac{-b \pm \sqrt{b^2 - 4ac}}{2a}$ $\Delta = b^2 - 4ac, \ x = \dfrac{-b \pm \sqrt{\Delta}}{2a}$

$x = \dfrac{-3 \pm \sqrt{9 + 16}}{2 \cdot 2}$ $\Delta = 9 + 16 = 25$

$x = \dfrac{-3 \pm 5}{4}$ $x = \dfrac{-3 \pm 5}{2 \cdot 2}$

$x = \dfrac{-8}{4}$ ou $x = \dfrac{2}{4} \Rightarrow V = \left\{-2, \dfrac{1}{2}\right\}$ $x = \dfrac{-8}{4}$ ou $x = \dfrac{2}{4} \Rightarrow V = \left\{-2, \dfrac{1}{2}\right\}$

---

6) $3x^2 - 8x - 3 = 0$ **outro modo:** $3x^2 - 8x - 3 = 0$

$x = \dfrac{-b \pm \sqrt{b^2 - 4ac}}{2a}$ $\Delta = b^2 - 4ac, \ x = \dfrac{-b \pm \sqrt{\Delta}}{2a}$

$x = \dfrac{+8 \pm \sqrt{64 + 36}}{2 \cdot 3}$ $\Delta = 64 + 36 = 100$

$x = \dfrac{8 \pm 10}{6}$ $x = \dfrac{8 \pm 10}{2 \cdot 3}$

$x = \dfrac{-2}{6}$ ou $x = \dfrac{18}{6} \Rightarrow V = \left\{-\dfrac{1}{3}, 3\right\}$ $x = \dfrac{-2}{6}$ ou $x = \dfrac{18}{6} \Rightarrow V = \left\{-\dfrac{1}{3}, 3\right\}$

Resp: **163** a) 49, 24   b) 0, 0   c) 49, 169   d) 289, 484   **164** a) 7, 2, −3, −4   b) $\dfrac{3}{2}, -\dfrac{3}{2}, \dfrac{3}{2}, -\dfrac{5}{6}$

c) $\dfrac{4-\sqrt{3}}{2}, \dfrac{-2+\sqrt{2}}{3}, \dfrac{-2-\sqrt{3}}{3}, \dfrac{-3-2\sqrt{3}}{2}$ d) $\dfrac{2-\sqrt{5}}{3}, \dfrac{-3-2\sqrt{2}}{2}, \dfrac{3-2\sqrt{2}}{2}, \dfrac{3-2\sqrt{2}}{4}$

e) $\dfrac{2-\sqrt{2}}{3}, \dfrac{3+\sqrt{2}}{5}, \dfrac{11-2\sqrt{3}}{9}, \dfrac{5-\sqrt{3}}{4}$

7) $3x^2 - 6x + 1 = 0$

$x = \dfrac{-b \pm \sqrt{b^2 - 4ac}}{2a}$

$x = \dfrac{6 \pm \sqrt{36 - 12}}{2 \cdot 3} = \dfrac{6 \pm \sqrt{24}}{6}$

$x = \dfrac{6 \pm 2\sqrt{6}}{6} = \dfrac{2(3 \pm \sqrt{6})}{6}$

$x = \dfrac{3 \pm \sqrt{6}}{3} \Rightarrow V = \left\{ \dfrac{3 + \sqrt{6}}{3}, \dfrac{3 - \sqrt{6}}{3} \right\}$

outro modo: $3x^2 - 6x + 1 = 0$

$\Delta = b^2 - 4ac, \; x = \dfrac{-b \pm \sqrt{\Delta}}{2a}$

$\Delta = 36 - 12 = 24 = 4 \cdot 6$

$x = \dfrac{6 \pm 2\sqrt{6}}{2 \cdot 3} = \dfrac{2(3 \pm \sqrt{6})}{6}$

$x = \dfrac{3 \pm \sqrt{6}}{3} \Rightarrow V = \left\{ \dfrac{3 + \sqrt{6}}{3}, \dfrac{3 - \sqrt{6}}{3} \right\}$

---

8) $4x^2 - 4\sqrt{3}\,x + 3 = 0$

$\Rightarrow \Delta = (-4\sqrt{3})^2 - 4 \cdot 4 \cdot 3 \Rightarrow \Delta = 48 - 48 \Rightarrow \Delta = 0$

$x = \dfrac{-b \pm \sqrt{\Delta}}{2a} \Rightarrow x = \dfrac{4\sqrt{3} \pm 0}{8} \Rightarrow x = \dfrac{\sqrt{3}}{2} \Rightarrow V = \left\{ \dfrac{\sqrt{3}}{2} \right\}$

As duas raízes são iguais a $\dfrac{\sqrt{3}}{2}$

---

9) $3x^2 - 4x + 2 = 0$

$\Rightarrow \Delta = (-4)^2 - 4(3)(2) \Rightarrow \Delta = 16 - 24 \Rightarrow \Delta = -8 \Rightarrow \Delta < 0 \Rightarrow V = \varnothing$

A equação não tem raízes reais.

---

165 Determinar o discriminante ($\Delta = b^2 - 4ac$) das seguintes equações:

a) $4x^2 - 7x + 2 = 0$

b) $14x^2 - 5x - 1 = 0$

c) $10x^2 - x - 3 = 0$

d) $10x^2 - 55x + 75 = 0$

e) $-18x^2 + 24x - 8 = 0$

f) $\dfrac{5}{6}x^2 + x - \dfrac{1}{4} = 0$

g) $2x^2 - 3\sqrt{5}\,x - 1 = 0$

h) $2\sqrt{2}\,x^2 - 3x - 5\sqrt{2} = 0$

i) $5x^2 - 3x + 4 = 0$

166 Dada a equação e seu discriminante ($\Delta = b^2 - 4ac$), determinar as raízes, nos casos:

a) $3x^2 + 11x - 4 = 0$ e $\Delta = 169$

b) $2x^2 - 5x - 3 = 0$ e $\Delta = 49$

c) $2x^2 - 15x + 25 = 0$ e $\Delta = 25$

d) $12x^2 - 7x - 10 = 0$ e $\Delta = 529$

e) $15x^2 - 26x + 7 = 0$ e $\Delta = 256$

f) $2x^2 + \sqrt{2}\,x - 12 = 0$ e $\Delta = 98$

g) $3x^2 - 2\sqrt{3}\,x - 4 = 0$ e $\Delta = 60$

h) $x^2 - (\sqrt{3} + \sqrt{2})x + \sqrt{6} = 0$ e $\Delta = (\sqrt{3} - \sqrt{2})^2$

167 Resolver as seguintes equações do 2º grau, aplicando Báskara.

$$\left(x = \frac{-b \pm \sqrt{b^2 - 4ac}}{2a} \quad \text{ou} \quad \Delta = b^2 - 4ac, \ x = \frac{-b \pm \sqrt{\Delta}}{2a}\right)$$

a) $5x^2 - 7x + 2 = 0$

b) $3x^2 - 11x + 6 = 0$

c) $6x^2 - x - 2 = 0$

d) $5x^2 + 17x + 6 = 0$

e) $12x^2 - 16x + 5 = 0$

f) $9x^2 - 12x + 4 = 0$

g) $5x^2 - 4x + 1 = 0$

h) $6x^2 - 11x - 10 = 0$

i) $21x^2 + 8x - 4 = 0$

j) $15x^2 + 8x - 16 = 0$

168 Resolver as seguintes equações, aplicando Báskara.

$$\left(x = \frac{-b \pm \sqrt{b^2 - 4ac}}{2a} \quad \text{ou} \quad x = \frac{-b \pm \sqrt{\Delta}}{2a}, \quad \Delta = b^2 - 4ac\right)$$

a) $3x^2 - 10x - 8 = 0$

b) $4x^2 + 13x - 12 = 0$

c) $4x^2 + 20x + 25 = 0$

d) $6x^2 - x - 15 = 0$

e) $7x^2 - 6x + 2 = 0$

f) $15x^2 + 8x - 7 = 0$

g) $18x^2 + 9x - 20 = 0$

h) $20x^2 - 17x - 10 = 0$

resp: **165** a) 17   b) 81   c) 121   d) 1   e) 0   f) 24   g) 53   h) 89   i) −71

166 a) $\frac{1}{3}$ e −4   b) 3 e $-\frac{1}{2}$ c) 5 e $\frac{5}{2}$ d) $\frac{5}{4}$ e $-\frac{2}{3}$ e) $\frac{7}{5}$ e $\frac{1}{3}$

f) $\frac{3\sqrt{2}}{2}$ e $-2\sqrt{2}$ g) $\frac{\sqrt{3} + \sqrt{15}}{3}$ e $\frac{\sqrt{3} - \sqrt{15}}{3}$ h) $\sqrt{3}$ e $\sqrt{2}$

169 Resolver as seguintes equações, aplicando Báskara.

$$\left(x = \frac{-b \pm \sqrt{b^2 - 4ac}}{2a} \quad \text{ou} \quad x = \frac{-b \pm \sqrt{\Delta}}{2a}, \quad \Delta = b^2 - 4ac\right)$$

a) $x^2 - 6x + 7 = 0$

b) $2x^2 - 6x + 3 = 0$

c) $x^2 + 6x + 4 = 0$

d) $2x^2 + 10x + 9 = 0$

e) $4x^2 - 2x - 1 = 0$

f) $3x^2 + 6x - 1 = 0$

g) $9x^2 + 12x - 1 = 0$

h) $4x^2 - 20x + 13 = 0$

170 Resolver as seguintes equações:

a) $2x^2 - 7\sqrt{3}\,x + 18 = 0$

b) $6x^2 + \sqrt{5}\,x - 10 = 0$

c) $12x^2 - 5\sqrt{2}\,x - 4 = 0$

d) $6x^2 - 5\sqrt{3}\,x - 18 = 0$

171 Resolver as seguintes equações:

a) $14x^2 - 35x - 21 = 0$

b) $-18x^2 - 3x + 36 = 0$

c) $5x^2 - 11x - 9 = x - 13 - 4x^2$

d) $25x^2 - 8x - 58 = x^2 - 62x - 4$

Resp: **167** a) $\left\{\frac{2}{5}, 1\right\}$ b) $\left\{\frac{2}{3}, 3\right\}$ c) $\left\{-\frac{1}{2}, \frac{2}{3}\right\}$ d) $\left\{-3, -\frac{2}{5}\right\}$ e) $\left\{\frac{1}{2}, \frac{5}{6}\right\}$ f) $\left\{\frac{2}{3}\right\}$ g) $\emptyset$ h) $\left\{-\frac{2}{3}, \frac{5}{2}\right\}$ i) $\left\{-\frac{2}{3}, \frac{2}{7}\right\}$ j) $\left\{-\frac{4}{3}, \frac{4}{5}\right\}$ **168** a) $\left\{-\frac{2}{3}, 4\right\}$ b) $\left\{-4, \frac{3}{4}\right\}$ c) $\left\{-\frac{5}{2}\right\}$ d) $\left\{-\frac{3}{2}, \frac{5}{3}\right\}$ e) $\emptyset$ f) $\left\{-1, \frac{7}{15}\right\}$ g) $\left\{-\frac{4}{3}, \frac{5}{6}\right\}$ h) $\left\{-\frac{2}{5}, \frac{5}{4}\right\}$

172 Resolver as seguintes equações:

a) $2x(3x^2 - 2x - 1) - 3(2x^3 - 2x^2 - x + 2) = (3x + 1)(2x - 1) + 8(x + 1)(x - 1) - 1$

b) $(2x - 3)^2 - 3(x + 3)(x - 3) - (2 - 3x)(2 + 3x) = (3x - 2)^2 - x(5x - 3) + 58$

c) $(3x - 4)(2x^2 - x - 1) - (x + 1)(2x^2 - 3) = (2x + 3)(2x^2 + 3x - 2) + 44x + 3$

d) $3\sqrt[3]{17}(2x^2 - 5x + 2)^6 + 2\sqrt{17}(3x^2 - 4x - 4)^4 + 12(6x^2 - 9x - 6)^2 = 0$

173 Resolver as seguintes equações: **Obs**: Não efetuar as multiplicações.

a) $2(2x - 17)^2 - 3(2x - 17) - 5 = 0$

b) $24\left(2x - \dfrac{13}{3}\right)^2 + 2\left(2x - \dfrac{13}{3}\right) - 12 = 0$

c) $2(x^2 - 8)^2 + 15(x^2 - 8) - 17 = 0$

d) $36(x^2 - 3x)^2 + 101(x^2 - 3x) + 70 = 0$

e) $3(2x^2 + 5x - 7)^2 - 69(2x^2 + 5x - 7) + 270 = 0$

Resp: **169** a) $\{3 \pm \sqrt{2}\}$ b) $\left\{\dfrac{3 \pm \sqrt{3}}{2}\right\}$ c) $\{-3 \pm \sqrt{5}\}$ d) $\left\{\dfrac{-5 \pm \sqrt{7}}{2}\right\}$ e) $\left\{\dfrac{1 \pm \sqrt{5}}{4}\right\}$ f) $\left\{\dfrac{-3 \pm 2\sqrt{3}}{3}\right\}$

g) $\left\{\dfrac{-2 \pm \sqrt{5}}{3}\right\}$ h) $\left\{\dfrac{5 \pm 2\sqrt{3}}{2}\right\}$ **170** a) $\left\{\dfrac{3\sqrt{3}}{2}, 2\sqrt{3}\right\}$ b) $\left\{-\dfrac{2\sqrt{5}}{3}, \dfrac{\sqrt{5}}{2}\right\}$ c) $\left\{-\dfrac{\sqrt{2}}{4}, \dfrac{2\sqrt{2}}{3}\right\}$

d) $\left\{-\dfrac{2\sqrt{3}}{3}, \dfrac{3\sqrt{3}}{2}\right\}$ **171** a) $\left\{-\dfrac{1}{2}, 3\right\}$ b) $\left\{-\dfrac{3}{2}, \dfrac{4}{3}\right\}$ c) $\left\{\dfrac{2}{3}\right\}$ d) $\left\{-3, \dfrac{3}{4}\right\}$

3 – Equações fracionárias

Exemplo:

$$\underbrace{\frac{x+3}{x^2-4}} - \underbrace{\frac{2x-3}{x^2-2x-8}} = \underbrace{\frac{x^2+3}{x^2-6x+8}} - \underbrace{\frac{(5x+1)(x+1)+5}{x^3-4x^2-4x+16}}$$

$(x+2)(x-2)$, $(x-4)(x+2)$, $(x-4)(x-2)$, $x^2(x-4) - 4(x-4)$
$(x-4)(x^2-4) = (x-4)(x+2)(x-2)$

Fatoramos os denominadores, determinamos o mínimo múltiplo comum (mmc) dos denominadores e determinamos o domínio de validade D. Os números que anulam o mmc são os que anulam os denominadores e portanto não pertencem a D.

mmc $= (x+2)(x-2)(x-4) \Rightarrow D = \mathbb{R} - \{-2, 2, 4\}$

Eliminamos os denominadores:

$(x-4)(x+3) - (x-2)(2x-3) = (x+2)(x^2+3) - (5x+1)(x+1) - 5 \Rightarrow$
$x^2 - x - 12 - (2x^2 - 7x + 6) = x^3 + 2x^2 + 3x + 6 - (5x^2 + 6x + 1) - 5 \Rightarrow$
$x^2 - x - 12 - 2x^2 + 7x - 6 = x^3 + 2x^2 + 3x + 6 - 5x^2 - 6x - 1 - 5 \Rightarrow$
$-x^2 + 6x - 18 = x^3 - 3x^2 - 3x \Rightarrow$
$x^3 - 2x^2 - 9x + 18 = 0 \Rightarrow$
$x^2(x-2) - 9(x-2) = 0 \Rightarrow (x-2)(x^2-9) = 0 \Rightarrow (x-2)(x+3)(x-3) = 0 \Rightarrow$
$x = 2$ ou $x = -3$ ou $x = 3$
Como $2 \notin D$, $-3 \in D$ e $3 \in D$, temos: $V = \{-3, 3\}$

174 Resolver as seguintes equações:

a) $\dfrac{2x-3}{x+1} = \dfrac{3x-2}{x-1} - \dfrac{12x+2}{x^2-1}$

b) $\dfrac{x^2-x+1}{x+5} - \dfrac{50-5x-4x^2}{x^2+5x} = \dfrac{x^2-7}{x}$

175 Resolver as seguintes equações:

a) $\dfrac{2x-1}{x+5} = \dfrac{x+4}{x-3} - \dfrac{27+3x-4x^2}{x^2+2x-15}$

b) $\dfrac{4x(8-3x)}{x^2-49} - \dfrac{x-1}{x+7} = \dfrac{x+5}{x-7}$

c) $\dfrac{3x-4}{x-4} = 2 - \dfrac{13-6x}{x^2-8x+16}$

d) $\dfrac{3x-1}{5x+2} - \dfrac{2x-3}{5x-2} = \dfrac{8x+12}{25x^2-4}$

Resp: **172** a) $\left\{-\dfrac{1}{2}, \dfrac{2}{3}\right\}$ b) $\left\{-2, \dfrac{5}{2}\right\}$ c) $\left\{-2, \dfrac{1}{5}\right\}$ d) $\{2\}$ **173** a) $\left\{8, \dfrac{39}{4}\right\}$ b) $\left\{\dfrac{43}{24}, \dfrac{5}{2}\right\}$
   c) $\{\pm 3\}$ d) $\left\{\dfrac{1}{2}, \dfrac{2}{3}, \dfrac{7}{3}, \dfrac{5}{2}\right\}$ e) $\left\{-5, -4, \dfrac{3}{2}, \dfrac{5}{2}\right\}$

176 Resolver as seguintes equações:

a) $\dfrac{2x-1}{3x+1} + \dfrac{x-3}{1-3x} = \dfrac{2+10x-3x^2}{9x^2-1}$

b) $\dfrac{2x-5}{x-3} - \dfrac{13-4x}{x^2-5x+6} = \dfrac{3x-4}{2-x}$

c) $\dfrac{x^2+10}{x^2-4} - \dfrac{x-1}{x+2} - \dfrac{x+1}{2-x} = 0$

d) $\dfrac{2x+3}{x+2} + \dfrac{11x+9}{x^2-9x-22} = \dfrac{1-x}{11-x}$

177 Resolver as seguintes equações:

a) $\dfrac{3x-2}{x} + \dfrac{27-12x}{4x-x^2} = \dfrac{2-x}{x-4}$

b) $\dfrac{x-1}{3-x} = \dfrac{10-4x}{x^2-9} - \dfrac{4x-1}{x+3}$

c) $\dfrac{10x^2+25}{x^2-5x+6} - \dfrac{2x-1}{x-3} + \dfrac{x+1}{2-x} = 2$

d) $\dfrac{-6x-8-5x^3}{x^3-8} = \dfrac{x^2-2x+4}{x^2+2x+4} + \dfrac{2x^2-3}{2-x} + 2x-3$

Resp: **174** a) $V = \{7\}$ b) $\left\{\dfrac{3}{2}, 5\right\}$ **175** a) $\left\{\dfrac{2}{3}\right\}$ b) $x^2 - 2x + 3 = 0$, $\Delta = -8 < 0$, a equação não tem raízes reais, $V = \varnothing$
c) $\{3+2\sqrt{3}, 3-2\sqrt{3}\}$ d) $\{2\}$

4 – Equações redutíveis à equação do 2º grau

1 Equações Biquadradas

São equações do tipo $ax^4 + bx^2 + c = 0$, com $a \neq 0$.

1º Tipo $ax^4 = 0$, com $a \neq 0$.

As quatro raízes são iguais a **zero**.

Exemplos: 1) $7x^4 = 0 \Rightarrow x = 0 \Rightarrow S = \{0\}$

2) $\left(\dfrac{\sqrt{3}-1}{\sqrt{2}}\right)x^4 = 0 \Rightarrow x = 0 \Rightarrow S = \{0\}$

2º Tipo $ax^4 + c = 0$, com $a \neq 0$ e $c \neq 0$.

Pode ter no máximo duas raízes reais que são simétricas (ou opostas).

Exemplos: 1) $2x^4 - 32 = 0 \Rightarrow x^4 = 16 \Rightarrow x = \pm\sqrt[4]{16} \Rightarrow x = \pm 2 \Rightarrow S = \{\pm 2\}$

2) $2x^4 + 32 = 0 \Rightarrow x^4 = -16 \Rightarrow x \notin R \Rightarrow S = \varnothing$

3) $7x^4 - 28 = 0 \Rightarrow x^4 = 4 \Rightarrow x = \pm\sqrt[4]{4} \Rightarrow x = \pm\sqrt{2} \Rightarrow S = \{\pm\sqrt{2}\}$

3º Tipo $ax^4 + bx^2 = 0$, com $a \neq 0$ e $b \neq 0$.

Tem duas raízes iguais a **zero** e pode ter outras duas raízes reais que são opostas.

Exemplos: 1) $7x^4 - 28x^2 = 0 \Rightarrow$

$x^4 - 4x^2 = 0 \Rightarrow$

$x^2(x^2 - 4) = 0 \Rightarrow$

$x^2 = 0$ ou $x^2 - 4 = 0$

$x = 0$ ou $x^2 = 4$

$x = 0$ ou $x = \pm 2 \Rightarrow S = \{-2, 0, 2\}$

2) $4x^4 + 48x^2 = 0$

$4x^2(x^2 + 12) = 0$

$x^2 = 0$ ou $x^2 + 12 = 0$

$x = 0$ ou $x^2 = -12$

$x = 0$ ou $x \notin R$ $S = \{0\}$

4º Tipo $ax^4 + bx^2 + c = 0$, com $a \neq 0$, $b \neq 0$, $c \neq 0$.

Pode ter no máximo quatro raízes reais (dois pares de opostas).

Exemplos:

1) $4x^4 - 5x^2 + 1 = 0$

$4(x^2)^2 - 5x^2 + 1 = 0$

$\Delta = 25 - 16 = 9$

$x^2 = \dfrac{5 \pm 3}{8}$

$x^2 = \dfrac{2}{8}$ ou $x^2 = \dfrac{8}{8}$

$x^2 = \dfrac{1}{4}$ ou $x^2 = 1$

$x = \pm\dfrac{1}{2}$ ou $x = \pm 1$

$S = \left\{\pm\dfrac{1}{2}, \pm 1\right\}$

2) $2x^4 - 7x^2 - 4 = 0$

$2(x^2)^2 - 7x^2 - 4 = 0$

$x^2 = y \Rightarrow$

$2y^2 - 7y - 4 = 0$

$\Delta = 49 + 32 = 81$

$y = \dfrac{7 \pm 9}{4} \Rightarrow$

$y = 4$ ou $y = -\dfrac{1}{2}$

$x^2 = 4$ ou $x^2 = -\dfrac{1}{2}$

$x = \pm 2$ ou $x \notin R$

$S = \{\pm 2\}$

3) $2x^4 + 9x^2 + 4 = 0$

$\Delta = 81 - 32 = 49$

$x^2 = \dfrac{-9 \pm 7}{4}$

$x^2 = \dfrac{-16}{4}$ ou $x^2 = \dfrac{-2}{4}$

$x^2 = -4$ ou $x^2 = -\dfrac{1}{2}$

$x \notin R$ ou $x \notin R$

$S = \varnothing$

178 Resolver as seguintes equações:

a) $x^4 = 0$

b) $7x^4 = 0$

c) $(\sqrt{3} - 1)x^4 = 0$

d) $9x^4 - 5x^4 = 0$

e) $5x^4 - 9x^4 = 0$

f) $6x^4 + 7x^2 = 7x^2 - 2x^4$

179 Resolver as seguintes equações:

a) $x^4 - 1 = 0$

b) $x^4 - 16 = 0$

c) $x^4 - 81 = 0$

d) $2x^4 - 2 = 0$

e) $x^4 + 1 = 0$

f) $2x^4 - 8 = 0$

g) $4x^4 + 64 = 0$

h) $3x^4 - 243 = 0$

i) $3x^4 + 21 = 0$

j) $3x^4 - 27 = 0$

k) $x^4 - 144 = 0$

l) $5x^4 - 125 = 0$

m) $7x^2 + 4x^4 - 326 = 7x^2 + 2x^4 + 322$

n) $2x^2(2x^2 - 5) - 25 = x^2(x^2 - 10) + 2$

Resp: **176** a) $\left\{\dfrac{2}{3}, \dfrac{1}{2}\right\}$ b) $\left\{\dfrac{3}{5}\right\}$ c) $\Delta = -4 < 0$, $V = \varnothing$ d) $V = \varnothing$

177 a) $\left\{\dfrac{1-2\sqrt{5}}{2}, \dfrac{1+2\sqrt{5}}{2}\right\}$ b) $\left\{-\dfrac{1}{3}, 4\right\}$ c) $\left\{-2, -\dfrac{7}{5}\right\}$ d) $\{-9, -2\}$

180 Resolver as seguintes equações:

a) $3x^4 - 27x^2 = 0$

b) $2x^4 + 8x^2 = 0$

c) $5x^4 - 60x^2 = 0$

d) $6x^4 - 216x^2 = 0$

e) $24x^4 - 18x^2 = 0$

f) $35x^4 + 28x^2 = 0$

g) $8x^4 - 36x^2 = 0$

h) $6x^4 - 15x^2 = 0$

i) $(5x^2 - 2)(7x^2 - 3) = 3(2 - 5x^2)$

j) $(2x^2 - 4)(2x^2 - 25) = 50(2 + x^2)$

181 Resolver as seguintes equações:

a) $x^4 - 13x^2 + 36 = 0$

b) $36x^4 - 13x^2 + 1 = 0$

c) $2x^4 - x^2 - 28 = 0$

d) $4x^4 - 39x^2 + 27 = 0$

e) $81x^4 - 72x^2 + 16 = 0$

f) $9x^4 + x^2 - 8 = 0$

Resp: **178** a) {0} b) {0} c) {0} d) {0} e) {0} f) {0} **179** a) {±1} b) {±2} c) {±3} d) {±1} e) ∅ f) {±$\sqrt{2}$}
g) ∅ h) {±3} i) ∅ j) {±$\sqrt{3}$} k) {±2$\sqrt{3}$} l) {±$\sqrt{5}$} m) {±3$\sqrt{2}$} n) {±$\sqrt{3}$}

182 Resolver as seguintes equações:

a) $(3x^2 + 1)(3x^2 - 1) - 2(x^2 - 3)^2 + 25 = (2x^2 - 3)(3x^2 + 2) - 3x^2(x + 2\sqrt{3})(x - 2\sqrt{3})$

b) $(3x^2 - 1)^2 - (2x - 1)^2 - (2x + 1)(3x + 1) - (3x^2 - 1)(2x^2 - 1) = (x^2 - 8)^2 - x - 54$

c) $(2x - 1)^2 - (2x^2 - 3x - 1)^2 - 2(x + 2)(6x^2 - 5) = 2(16 - x^2 - 3x^4)$

2 | Equação do tipo $ax^{2n} + bx^n + c = 0$

Resolvemos esta equação do seguinte modo:

$ax^{2n} + bx^n + c = 0 \Rightarrow a(x^n)^2 + b(x^n) + c = 0$

Fazemos uma mudança de variável $x^n = y$ e obtemos

$ay^2 + by + c = 0$, que é uma equação do 2º grau em y.

(Esta mudança não é necessária. Observe o exemplo 3)

Determinamos y e em seguida x observando que $x^n = y$ implica que

$x = \pm\sqrt[n]{y}$, para n par e y maior ou igual a zero e $x = \sqrt[n]{y}$, para n ímpar e y qualquer real.

Exemplos:

1) $2x^8 + x^4 - 3 = 0$
$2(x^4)^2 + 1(x^4) - 3 = 0$
$x^4 = y \Rightarrow$
$2y^2 + 1y - 3 = 0$
$\Delta = 1 + 24 = 25$
$y = \frac{-1 \pm 5}{4} \Rightarrow$
$y = 1$ ou $y = -\frac{3}{2} \Rightarrow$
$x^2 = 1$ ou $x^2 = -\frac{3}{2}$
$x = \pm 1$ ou $x \notin R$
$S = \{\pm 1\}$

2) $3x^{12} + 2x^6 - 5 = 0$
$3(x^6)^2 + 2(x^6) - 5 = 0$
$x^6 = y \Rightarrow$
$3y^2 + 2y - 5 = 0$
$\Delta = 4 + 60 = 64$
$y = \frac{-2 \pm 8}{6} \Rightarrow$
$y = 1$ ou $y = -\frac{5}{3} \Rightarrow$
$x^6 = 1$ ou $x^6 = \frac{-5}{3}$
$x = \pm 1$ ou $x \notin R$
$S = \{\pm 1\}$

3) $2x^6 + 13x^3 - 24 = 0$
$2(x^3)^2 + 13(x^3) - 24 = 0$
$\Delta = 169 + 192 = 361$
$x^3 = -\frac{13 \pm 19}{4} \Rightarrow$
$x^3 = -8$ ou $x^3 = \frac{3}{2}$
$x = \sqrt[3]{-8}$ ou $x = \frac{\sqrt[3]{3}}{\sqrt[3]{2}}$
$x = -2$ ou
$x = \frac{\sqrt[3]{3}}{\sqrt[3]{2}} \cdot \frac{\sqrt[3]{4}}{\sqrt[3]{4}} = \frac{\sqrt[3]{12}}{\sqrt[3]{8}} = \frac{\sqrt[3]{12}}{2}$
$S = \left\{-2, \frac{\sqrt[3]{12}}{2}\right\}$

---

183 | Resolver as seguintes equações:

a) $x^4 - 16 = 0$

b) $x^5 - 243 = 0$

c) $x^4 + 81 = 0$

d) $x^8 - 1 = 0$

Resp: **180** a) $\{0, \pm 3\}$ b) $\{0\}$ c) $\{0, \pm 2\sqrt{3}\}$ d) $\{0, \pm 6\}$ e) $\left\{0, \pm\frac{\sqrt{3}}{2}\right\}$ f) $\{0\}$ g) $\left\{0, \pm\frac{3\sqrt{2}}{2}\right\}$ h) $\left\{0, \pm\frac{\sqrt{10}}{2}\right\}$ i) $\left\{0, \pm\frac{\sqrt{10}}{5}\right\}$

j) $\{0, \pm 3\sqrt{3}\}$ **181** a) $\{\pm 2, \pm 3\}$ b) $\left\{\pm\frac{1}{4}, \pm\frac{1}{3}\right\}$ c) $\{\pm 2\}$ d) $\left\{\pm 3, \pm\frac{\sqrt{3}}{2}\right\}$ e) $\left\{\pm\frac{2}{3}\right\}$ f) $\left\{\pm\frac{2\sqrt{2}}{3}\right\}$

184 Resolver as seguintes equações:

a) $2x^6 + 15x^3 - 8 = 0$

b) $2x^8 - 29x^4 - 48 = 0$

c) $3x^{12} - 22x^6 - 16 = 0$

d) $(3x^5 + 4)^2 - (2x^4 - 3)(2x^4 + 3) + x^5(4x^3 + 7x + 13) = 7(x^6 + 3)$

185 Resolver as seguintes equações:

a) $\dfrac{8x(x^3-1)-7x^2-5}{x^2+2x-8} - \dfrac{x(x-3)}{x-2} = \dfrac{4-x^2}{x+4}$

b) $\dfrac{8x^5-1}{x^2+2x+4} + \dfrac{2x^2(8x^3+19)+77x-29}{x^3-8} = \dfrac{19x}{x-2}$

Resp: **182** a) $\left\{\pm\dfrac{\sqrt{3}}{2},\pm 2\right\}$ b) $\left\{\pm\dfrac{\sqrt{6}}{2}\right\}$ c) $\{\pm 2\sqrt{5}\}$ **183** a) $\{\pm 2\}$ b) $\{3\}$ c) $S = \varnothing$ d) $\{\pm 1\}$

3 | Equações Irracionais

São equações que têm, em um dos membros, expressão algébrica irracional (variável submetida a radical).

São equações como estas:

$$\sqrt{2x+1} + 5 = 2x, \qquad \sqrt[3]{4x-5} = 3, \qquad \sqrt[4]{2x+\sqrt{x-3}} = 2$$

Para resolver equações como estas, em R, elevamos ambos os membros ao quadrado, ou ao cubo, ou a quarta potência, etc, conforme for o caso.

Quando elevarmos ambos os membros a um expoente ímpar, os números reais obtidos serão soluções da equação proposta. Mas quando elevarmos os membros a um expoente par, é necessário verificar se os números obtidos são, de fato, soluções da equação proposta, pois ao elevarmos a expoente par, membros de uma igualdade falsa, podemos obter uma sentença verdadeira. Observar:

$4 = -4$ é falsa e $(4)^2 = (-4)^2$ é verdadeira.

Exemplos:

1) $\sqrt[3]{4x-5} = 3 \Rightarrow (\sqrt[3]{4x-5})^3 = (3)^3 \Rightarrow 4x - 5 = 27 \Rightarrow 4x = 32 \Rightarrow x = 8 \Rightarrow S = \{8\}$

2) $\sqrt{2x+1} + 5 = 2x \Rightarrow$

$\sqrt{2x+1} = 2x - 5$

$(\sqrt{2x+1})^2 = (2x-5)^2$

$2x + 1 = 4x^2 - 20x + 25$

$4x^2 - 22x + 24 = 0$

$\boxed{2x^2 - 11x + 12 = 0}$

$\Delta = 121 - 96 = 25$

$x = \dfrac{11 \pm 5}{4} \Rightarrow \boxed{x = 4}$ ou $\boxed{x = \dfrac{3}{2}}$

Verificação:

I) $x = 4 \Rightarrow \sqrt{2(4)+1} + 5 = 2(4) \Rightarrow$

$\Rightarrow \sqrt{9} + 5 = 8$ (verdade)

II) $x = \dfrac{3}{2} \Rightarrow \sqrt{2\left(\dfrac{3}{2}\right)+1} + 5 = 2\left(\dfrac{3}{2}\right) \Rightarrow$

$\Rightarrow \sqrt{4} + 5 = 3$ (falso). Então:

$S = \{4\}$

3) $\sqrt[4]{2x + \sqrt{x-3}} = 2 \Rightarrow$

$\left(\sqrt[4]{2x + \sqrt{x-3}}\right)^4 = 2^4$

$2x + \sqrt{x-3} = 16$

$\sqrt{x-3} = 16 - 2x$

$(\sqrt{x-3})^2 = (16-2x)^2$

$x - 3 = 256 - 64x + 4x^2$

$\boxed{4x^2 - 65x + 259 = 0}$

$\Delta = 4225 - 4144 = 81$

$x = \dfrac{65 \pm 9}{8} \Rightarrow \boxed{x = 7}$ ou $\boxed{x = \dfrac{37}{4}}$

Verificação:

I) $x = 7 \Rightarrow \sqrt[4]{2(7) + \sqrt{7-3}} = 2 \Rightarrow$

$\Rightarrow \sqrt[4]{14+2} = 2$ (verdade)

II) $x = \dfrac{37}{4} \Rightarrow \sqrt[4]{2\left(\dfrac{37}{4}\right) + \sqrt{\dfrac{37}{4} - 3}} = 2 \Rightarrow$

$\sqrt[4]{\dfrac{37}{2} + \sqrt{\dfrac{25}{4}}} = 2 \Rightarrow \sqrt[4]{\dfrac{37}{2} + \dfrac{5}{2}} = 2 \Rightarrow$

$\sqrt[4]{21} = 2$ (falso). Então:

$S = \{7\}$

186 Resolver as seguintes equações irracionais:

a) $\sqrt[3]{2x^2+9} - 3 = 0$

b) $\sqrt[3]{3x^2+4x+1} = 2$

c) $\sqrt{2x+1} + 1 = x$

d) $\sqrt{2x+1} + x = 1$

e) $\sqrt{2x-1} + 2 = x$

f) $\sqrt{2x-1} + x = 2$

Resp: **184** a) $\left\{-2, \frac{\sqrt[3]{4}}{2}\right\}$ b) $\{\pm 2\}$ c) $\{\pm\sqrt{2}\}$ d) $\left\{-\sqrt[5]{4}, -\frac{\sqrt[5]{27}}{3}\right\}$ **185** a) $S = \left\{\pm\frac{\sqrt{3}}{2}, \pm\frac{\sqrt{2}}{2}\right\}$ b) $\left\{-1, \frac{3}{2}\right\}$

187 Resolver as seguintes equações irracionais:

a) $\sqrt{x^2 - 16} + x - 8 = 0$

b) $(x^2 - 16)\sqrt{3x - 9} = 0$

c) $\sqrt{4x + 1} + 3 = 2x - 4$

d) $2\sqrt{3x - 5} + x = 7$

e) $\sqrt{3x + 4} = \sqrt{x + 2} + 2$

f) $\sqrt{3x + 1} - \sqrt{x - 1} = 2$

188 Resolver as seguintes equações:

a) $\sqrt{x^2 + 3x + 8} + 2 = 2x$

b) $\sqrt{7 + 3x + x^2} - \sqrt{x^2 + 7} = 1$

c) $\sqrt{x+1} - \sqrt{9-x} = \sqrt{2x-12}$

d) $\sqrt{2x+5} + \sqrt{5x+6} = \sqrt{12x+25}$

Resp: **186** a) {±3} b) $\left\{-\frac{7}{3}, 1\right\}$ c) {4} d) {0} e) {5} f) {1}

189 Resolver as seguintes equações:

a) $\sqrt{2x + \sqrt{6x^2 + 1}} = x + 1$

b) $\sqrt{1 - \sqrt{x^4 - x^2}} = x - 1$

c) $\sqrt{x} - \sqrt{x+1} + \sqrt{x+9} - \sqrt{x+4} = 0$

d) $\sqrt{8-x} - \sqrt{9+5x} - \sqrt{4-5x} + \sqrt{5+x} = 0$

190 Resolver as equações:

a) $x^2 + 5x + 4 - 3\sqrt{x^2 + 5x + 2} = 6$

b) $\sqrt{x^2 - 3x + 5} + x^2 = 3x + 7$

Resp: **187** a) {5}   b) {3, 4}   c) {6}   d) {3}   e) {7}   f) {1,5}   **188** a) {4}   b) {3}   c) {7, 8}   d) {2}

191 Resolver as equações:

a) $\dfrac{2}{2+\sqrt{4-x^2}} - \dfrac{1}{2-\sqrt{4-x^2}} = \dfrac{1}{x}$

b) $\sqrt{\dfrac{x-5}{x+2}} + \sqrt{\dfrac{x-4}{x+3}} = \dfrac{7}{x+2}\sqrt{\dfrac{x+2}{x+3}}$

V. SISTEMAS DE GRAU MAIOR OU IGUAL A 2

É aquele em que pelo menos uma das equações tem grau maior ou igual a 2.

Exemplos: (O melhor método, nestes dois exemplos, é o da substituição).

1) $\begin{cases} 4x^2 - 2y^2 = -1 \\ 2x + y = 2 \end{cases} \Rightarrow y = 2 - 2x$

$4x^2 - 2(2-2x)^2 = -1 \Rightarrow$
$4x^2 - 2(4 - 8x + 4x^2) + 1 = 0 \Rightarrow$
$4x^2 - 8 + 16x - 8x^2 + 1 = 0 \Rightarrow$
$4x^2 - 16x + 7 = 0$
$\Delta = 256 - 112 = 144$
$x = \dfrac{16 \pm 12}{8} \Rightarrow x = \dfrac{7}{2}$ ou $x = \dfrac{1}{2}$

Como $y = 2 - 2x$, obtemos:
$\begin{cases} x = \dfrac{7}{2} \Rightarrow y = 2 - 2\left(\dfrac{7}{2}\right) \Rightarrow y = -5 \\ x = \dfrac{1}{2} \Rightarrow y = 2 - 2\left(\dfrac{1}{2}\right) \Rightarrow y = 1 \end{cases}$

Então: $V = \left\{ \left(\dfrac{7}{2}, -5\right), \left(\dfrac{1}{2}, 1\right) \right\}$

2) $\begin{cases} x^3 - y^3 = 9 \\ x - y = 3 \end{cases} \Rightarrow y = x - 3 \Rightarrow$

$x^3 - (x-3)^3 = 9 \Rightarrow$
$x^3 - (x^3 - 3x^2 \cdot 3 + 3x \cdot 9 - 27) = 9 \Rightarrow$
$x^3 - x^3 + 9x^2 - 27x + 27 - 9 = 0 \Rightarrow$
$9x^2 - 27x + 18 = 0 \Rightarrow$
$x^2 - 3x + 2 = 0 \Rightarrow$
$(x-1)(x-2) = 0 \Rightarrow$
x = 1 ou x = 2

Como $y = x - 3$, obtemos:
$\begin{cases} x = 1 \Rightarrow y = 1 - 3 \Rightarrow y = -2 \\ x = 2 \Rightarrow y = 2 - 3 \Rightarrow y = -1 \end{cases}$

Então: $S = \{(1, -2), (2, -1)\}$

192 Resolver os seguintes sistemas:

a) $\begin{cases} x^2 - 2y^2 = 1 \\ x - y = 1 \end{cases}$

b) $\begin{cases} x^2 - 2y^2 = 7 \\ x + y = 4 \end{cases}$

Resp: **189** a) $\{0, 2\}$ b) $\left\{\dfrac{5}{4}\right\}$ c) $\{0\}$ d) $\left\{-\dfrac{1}{6}, -1\right\}$ **190** a) $\{-7, 2\}$ b) $\{4, -1\}$

193 Resolver os seguintes sistemas:

a) $\begin{cases} x^2 + y^2 = 200 \\ y = 7x \end{cases}$

b) $\begin{cases} xy + 2x - 3y = 6 \\ x + y = 1 \end{cases}$

c) $\begin{cases} 2x^2 - 3y^2 = 29 \\ 2x - y = 7 \end{cases}$

d) $\begin{cases} x^2 - 3y^2 = 6 \\ x + 2y = 1 \end{cases}$

194 Resolver os seguintes sistemas:

a) $\begin{cases} x^2 + y^2 - 2x + y = 15 \\ x - 2y = 7 \end{cases}$

b) $\begin{cases} x^2 - y^2 - xy - 3x = -2 \\ 2x + y = 1 \end{cases}$

c) $\begin{cases} x^2 - 3y^2 - xy - 2y = 7 \\ x + 2y + 1 = 0 \end{cases}$

d) $\begin{cases} 2x^2 + y^2 - xy + x = 3 \\ 2x - y = 1 \end{cases}$

Resp: **191** a) $\left\{-\dfrac{8}{5}, 2\right\}$ b) {6}   **192** a) {(1, 0), (3, 2)}   b) {(3, 1), (13, –9)}

195 Resolver os seguintes sistemas:

a) $\begin{cases} x^3 - y^3 = 91 \\ x - y = 1 \end{cases}$

b) $\begin{cases} 8x^3 - y^3 = 37 \\ 2x - y = 1 \end{cases}$

c) $\begin{cases} a^3 - b^3 = 111\sqrt{3} \\ \sqrt{3}\,a - \sqrt{3}\,b = 3 \end{cases}$

d) $\begin{cases} \sqrt{3}\,b(a+2)^2 - \sqrt{3}\,ba^2 = 24 \\ \sqrt{3}\,b - 3a = 0 \end{cases}$

Exemplos: (Nestes dois é mais vantajoso o método adição)

1) $\begin{cases} 3x^2 + y^2 = 52 \\ 2x^2 - y^2 = -7 \end{cases}$

$5x^2 = 45$

$x^2 = 9 \implies \mathbf{x = \pm 3}$

$\begin{cases} x = \pm 3 \\ 3x^2 + y^2 = 52 \end{cases} \Rightarrow$

$3(\pm 3)^2 + y^2 = 52 \Rightarrow$

$3(9) + y^2 = 52 \Rightarrow y^2 = 25 \Rightarrow \mathbf{y = \pm 5}$

$\begin{cases} x = 3 \Rightarrow y = \pm 5 \Rightarrow (3, 5), (3, -5) \\ x = -3 \Rightarrow y = \pm 5 \Rightarrow (-3, 5), (-3, -5) \end{cases}$

$S = \{(3, 5), (3, -5), (-3, 5), (-3, -5)\}$

2) $\begin{cases} x^2 + xy = 3 \\ x^2 - 2xy = 21 \end{cases}$

$\begin{cases} 2x^2 + 2xy = 6 \\ x^2 - 2xy = 21 \end{cases}$

$3x^2 = 27 \Rightarrow x^2 = 9 \Rightarrow \mathbf{x = \pm 3}$

$\begin{cases} x = \pm 3 \\ x^2 + xy = 3 \end{cases} \Rightarrow$

$\begin{cases} x = 3 \Rightarrow 3^2 + 3y = 3 \Rightarrow \mathbf{y = -2} \Rightarrow (3, -2) \\ x = -3 \Rightarrow (-3)^2 - 3y = 3 \Rightarrow \mathbf{y = 2} \Rightarrow (-3, 2) \end{cases}$

$V = \{(3, -2), (-3, 2)\}$

196 Resolver os seguintes sistemas:

a) $\begin{cases} 2x^2 - 3y^2 = 5 \\ x^2 + y^2 = 5 \end{cases}$

b) $\begin{cases} x^2 + 2y^2 = 17 \\ 2x^2 - 3y^2 = 6 \end{cases}$

Resp: **193** a) $\{(-2, -14), (2, 14)\}$ b) $\{(3, -2)\}$ c) $\left\{(4, 1), \left(\frac{22}{5}, \frac{9}{5}\right)\right\}$ d) $\{(-9, 5), (3, -1)\}$

194 a) $\{(5, -1), (-1, -4)\}$ b) $\{(1, -1), (-1, 3)\}$ c) $\{(3, -2), (-3, 1)\}$ d) $\left\{(1, 1), \left(-\frac{1}{2}, -2\right)\right\}$

197 Resolver os seguintes sistemas:

a) $\begin{cases} x^2 - 2xy = 3 \\ 2x^2 + xy = 21 \end{cases}$

b) $\begin{cases} 2xy + y^2 = 8 \\ xy + 2y^2 = 10 \end{cases}$

c) $\begin{cases} x^2 - 2xy + x = 28 \\ x^2 - xy + 3x = 32 \end{cases}$

d) $\begin{cases} y^2 + xy - 4y = -2 \\ y^2 - 3xy + 3y = 4 \end{cases}$

198 Resolver os seguintes sistemas:

a) $\begin{cases} x^3 - 2y^3 = 43 \\ 2x^3 + y^3 = 46 \end{cases}$

b) $\begin{cases} 3x^4 + y^4 = 19 \\ x^4 + 2y^4 = 33 \end{cases}$

199 Resolver mentalmente os seguintes sistemas:

a) $\begin{cases} x + y = 7 \\ xy = 10 \end{cases}$

{(,) , (,)}

b) $\begin{cases} xy = 15 \\ x + y = 8 \end{cases}$

c) $\begin{cases} xy = 8 \\ x + y = 9 \end{cases}$

d) $\begin{cases} x + y = -7 \\ xy = 10 \end{cases}$

e) $\begin{cases} x + y = -15 \\ xy = 36 \end{cases}$

f) $\begin{cases} xy = 36 \\ x + y = -13 \end{cases}$

g) $\begin{cases} xy = -15 \\ x + y = -2 \end{cases}$

h) $\begin{cases} x + y = -3 \\ xy = -18 \end{cases}$

i) $\begin{cases} x + y = -7 \\ xy = -8 \end{cases}$

j) $\begin{cases} x + y = 5 \\ xy = -14 \end{cases}$

k) $\begin{cases} xy = -36 \\ x + y = 9 \end{cases}$

l) $\begin{cases} x + y = 2 \\ xy = -24 \end{cases}$

Resp: **195** a) {(-5, -6), (6, 5)}   b) $\{(2, 3), \left(-\frac{3}{2}, -4\right)\}$ c) {(-3√3, -4√3), (4√3, 3√3)}   d) {(-2, -2√3), (1, √3)}

196 a) {(2, 1), (2, -1), (-2, 1), (-2, -1)}   b) {(3, 2), (-3, 2), (3, -2), (-3, -2)}

200 Resolver os seguintes sistemas:

a) $\begin{cases} x + y = 5 \\ xy = 2 \end{cases}$

b) $\begin{cases} x + y = 10 \\ xy = 7 \end{cases}$

c) $\begin{cases} x + y = 3 \\ xy = 5 \end{cases}$

d) $\begin{cases} x + y = -5 \\ xy = 7 \end{cases}$

e) $\begin{cases} x + y = 6 \\ xy = 6 \end{cases}$

201 Resolver os seguintes sistemas:

a) $\begin{cases} x^2 - 3y^2 + z^2 = 10 \\ 2x - z = 1 \\ 3x - y = 7 \end{cases}$

b) $\begin{cases} x^2 + y^2 = 13 \\ x^2 + z^2 = 20 \\ y^2 + z^2 = 25 \end{cases}$

Resp: **197** a) {(3, 1), (−3, −1)} b) {(1, 2), (−1, −2)} c) $\left\{\left(-9, -\frac{22}{9}\right), (4, -1)\right\}$ d) $\left\{(1, 2), \left(-\frac{17}{4}, \frac{1}{4}\right)\right\}$

198 a) {(3, −2)} b) {(1, 2), (1, −2), (−1, 2), (−1, −2)} **199** a) {(2, 5), (5, 2), b) {(3, 5), (5, 3)} c) {(1, 8), (8, 1)}

d) {(−2, −5), (−5, −2)} e) {(−3, −12), (−12, −3)} f) {(−4, −9), (−9, −4)} g) {(3, −5), (−5, 3)} h) {(3, −6), (−6, 3)}

i) {(−8, 1), (1, −8)} j) {(7, −2), (−2, 7)} k) {(−3, 12), (12, −3)} l) {(6, −4), (−4, 6)}

Em alguns exercícios ao invés de substituir uma incógnita em função de outra é preferível substituir uma expressão de duas variáveis, por outra de também duas variáveis. Este modo é equivalente, muitas vezes, a dividir uma equação pela outra.

Exemplos:

1) $\begin{cases} xy + y^2 = 360 \\ x^2 - y^2 = 180 \end{cases}$

1º modo

$xy + y^2 = 360 \Rightarrow x = \dfrac{360 - y^2}{y}$

Substituindo na outra:

$\left(\dfrac{360 - y^2}{y}\right)^2 - y^2 = 180$

$\dfrac{360^2 - 720y^2 + y^4}{y^2} - y^2 = 180$

$360^2 - 720y^2 + y^4 - y^4 = 180y^2$

$900y^2 = 360^2 \Rightarrow 30y = \pm 360 \Rightarrow \mathbf{y = \pm 12}$

$y = \pm 12$ e $x = \dfrac{360 - y^2}{y} \Rightarrow$

$\Rightarrow 12 \Rightarrow x = \dfrac{360 - (12)^2}{12} \Rightarrow x = \dfrac{360 - 144}{12} \Rightarrow$

$x = 18 \Rightarrow (18, 12)$

$y = 12 \Rightarrow x = \dfrac{360 - (-12)^2}{12} \Rightarrow x = \dfrac{360 - 144}{-12} \Rightarrow$

$x = -18 \Rightarrow (-18, -12)$

$V = \{(18, 12), (-18, -12)\}$

2º modo:

$\begin{cases} xy + y^2 = 360 \\ x^2 - y^2 = 180 \end{cases}$

$\begin{cases} y(x + y) = 360 \\ (x + y)(x - y) = 180 \end{cases}$

Dividindo membro a membro:

$\dfrac{y(x + y)}{(x + y)(x - y)} = \dfrac{360}{180} \Rightarrow \dfrac{y}{x - y} = 2 \Rightarrow$

$\Rightarrow 2x - 2y = y \Rightarrow \mathbf{x = \dfrac{3}{2}y}$

$x = \dfrac{3}{2}y$ e $x^2 - y^2 = 180 \Rightarrow$

$\left(\dfrac{3}{2}y\right)^2 - y^2 = 180 \Rightarrow \dfrac{9}{4}y^2 - y^2 = 180 \Rightarrow$

$9y^2 - 4y^2 = 180 \cdot 4 \Rightarrow 5y^2 = 180 \cdot 4 \Rightarrow$

$y^2 = 36 \cdot 4 \Rightarrow \mathbf{y = \pm 12}$

$y = \pm 12$ e $x = \dfrac{3}{2}y \Rightarrow$

$\begin{cases} y = 12 \Rightarrow x = \dfrac{3}{2}(12) \Rightarrow x = 18 \\ y = -12 \Rightarrow x = \dfrac{3}{2}(-12) \Rightarrow x = -18 \end{cases}$

$V = \{(18, 12), (-18, -12)\}$

Um outro exemplo:

$\begin{cases} xy - y^2 - 2x + 2y = 0 \\ 2x^2 - 3y = 9 \end{cases} \Rightarrow \begin{cases} y(x - y) - 2(x - y) = 0 \\ 2x^2 - 3y = 9 \end{cases} \Rightarrow \begin{cases} (x - y)(y - 2) = 0 \\ 2x^2 - 3y = 9 \end{cases}$

$\begin{cases} x - y = 0 \\ 2x^2 - 3y = 9 \end{cases}$ ou $\begin{cases} y - 2 = 0 \\ 2x^2 - 3y = 9 \end{cases}$

1) $\begin{cases} y = x \\ 2x^2 - 3y = 9 \end{cases} \Rightarrow 2x^2 - 3x - 9 = 0$

$\Delta = 9 + 72 = 81 \Rightarrow x = \dfrac{3 \pm 9}{4} \Rightarrow x = 3$ ou $x = -\dfrac{3}{2} \Rightarrow (3, 3), \left(-\dfrac{3}{2}, -\dfrac{3}{2}\right)$

2) $\begin{cases} y = 2 \\ 2x^2 - 3y = 9 \end{cases} \Rightarrow 2x^2 - 3(2) = 9 \Rightarrow 2x^2 = 15 \Rightarrow x^2 = \dfrac{15}{2} \Rightarrow x = \pm\dfrac{\sqrt{30}}{2}$

$\Rightarrow \left(\dfrac{\sqrt{30}}{2}, 2\right), \left(-\dfrac{\sqrt{30}}{2}, 2\right)$

$V = \left\{(3, 3), \left(-\dfrac{3}{2}, -\dfrac{3}{2}\right), \left(\dfrac{\sqrt{30}}{2}, 2\right), \left(-\dfrac{\sqrt{30}}{2}, 2\right)\right\}$

202 Resolver os seguintes sistemas:

a) $\begin{cases} x^2 + xy = 28 \\ x^2 - y^2 = 7 \end{cases}$

b) $\begin{cases} x^2 - xy = 12 \\ x^2 - y^2 = 15 \end{cases}$

Resp: **200** a) $\left\{ \left(\dfrac{5+\sqrt{17}}{2}, \dfrac{5-\sqrt{17}}{2}\right), \left(\dfrac{5-\sqrt{17}}{2}, \dfrac{5+\sqrt{17}}{2}\right) \right\}$ b) $\{(5+3\sqrt{2}, 5-3\sqrt{2}),(5-3\sqrt{2}, 5+3\sqrt{2})\}$ c) ∅ d) ∅

e) $\{((3+\sqrt{3}, 3-\sqrt{3}),(3-\sqrt{3}, 3+\sqrt{3})\}$ **201** a) $\left\{(2,-1,3), \left(\dfrac{39}{11}, \dfrac{40}{11}, \dfrac{67}{11}\right)\right\}$

b) $\{(2, 3, 4), (2, 3,- 4), (2, - 3, 4), (2, - 3, - 4), (- 2, 3,4), (- 2, 3, - 4), (- 2, - 3, 4), (- 2, - 3, - 4)\}$

203 Resolver os seguintes sistemas:

a) $\begin{cases} x^2 - 2xy + y^2 = 9 \\ x^2 - y^2 = 21 \end{cases}$

b) $\begin{cases} x^2 + 2xy + y^2 = 4 \\ x^2 + xy = 10 \end{cases}$

204 Resolver os seguintes sistemas:

a) $\begin{cases} x^3 + y^3 = 7 \\ x^2 - xy + y^2 = 7 \end{cases}$

b) $\begin{cases} x^3 - y^3 = 35 \\ x^2 + xy + y^2 = 7 \end{cases}$

Resp: **202** a) {(4, 3), (−4, −3)}   b) {(4, 1), (−4, −1)}

205 Resolver os seguintes sistemas:

a) $\begin{cases} x^2 - 2xy + y^2 = 1 \\ x^2 + 2x + 3y^2 = 11 \end{cases}$

b) $\begin{cases} x^2 - 3xy + 2y^2 = 0 \\ x^2 + x + y + y^2 = 8 \end{cases}$

206 Resolver os seguintes sistemas:

a) $\begin{cases} xy = 12 \\ x^2 + 2y^2 = 34 \end{cases}$

b) $\begin{cases} x^2 - 3xy + x = 21 \\ y^2 + xy - y = -1 \end{cases}$

Resp: **203** a) {(5, 2),(− 5, − 2)}   b) {(− 5, 3), (5, − 3)}   **204** a) {(2, − 1), (− 1, 2),   b) {(3, − 2), (2, − 3)}

207 Resolver os seguintes sistemas:

a) $\begin{cases} 2xy - 3y = 6 \\ y^2 - 4xy = -20 \end{cases}$

b) $\begin{cases} y^2 - xy + 4x = 13 \\ x^2 - xy - 4y = 8 \end{cases}$

208 Resolver o seguinte sistema:

a) $\begin{cases} x^2 = 13x + 4y \\ y^2 = 4x + 13y \end{cases}$

Resp: **205** a) $\{(-1,-2),(1,2),(\sqrt{3}-1,\sqrt{3}),(-\sqrt{3}-1,-\sqrt{3})\}$ b) $\left\{\left(\frac{-1+\sqrt{17}}{2},\frac{-1+\sqrt{17}}{2}\right),\left(\frac{-1-\sqrt{17}}{2},\frac{-1-\sqrt{17}}{2}\right),(2,1),\left(-\frac{16}{5},-\frac{8}{5}\right)\right\}$

206 a) $\{(4,3),(-4,-3),(3\sqrt{2},2\sqrt{2}),(-3\sqrt{2},-2\sqrt{2})\}$ b) $\left\{\left(\frac{-7+\sqrt{7}}{2},\frac{3+\sqrt{7}}{2}\right),\left(\frac{-7-\sqrt{7}}{2},\frac{3-\sqrt{7}}{2}\right),(3,-1),\left(\frac{7}{2},-\frac{1}{2}\right)\right\}$

IV PROBLEMAS

Neste capítulo vamos também resolver problemas com auxílio de equações do 2º grau, equações redutíveis a ela e sistemas de equações que caem em equações do 2º grau.

Exemplo 1: Determinar um número cuja soma dele com o seu recíproco (inverso) seja igual a $\frac{13}{6}$.

Resolução: Sendo x o número, diferente de zero, o seu recíproco será $\frac{1}{x}$. Então:

$x + \frac{1}{x} = \frac{13}{6} \Rightarrow 6x^2 + 6 = 13x \Rightarrow 6x^2 - 13x + 6 = 0 \Rightarrow$

$\Delta = 169 - 144 = 25 \Rightarrow x = \frac{13 + 5}{12} \Rightarrow x = \frac{18}{12}$ ou $x = \frac{8}{12} \Rightarrow x = \frac{3}{2}$ ou $x = \frac{2}{3}$

Resposta: $\frac{3}{2}$ ou $\frac{2}{3}$

Exemplo 2: Determinar três números consecutivos sabendo que a soma dos quadrados dos dois menores é igual à soma de 32 com 9 vezes o maior deles.

Resolução: Sejam x, x + 1 e x + 2 os números. Então:

$x^2 + (x + 1)^2 = 32 + 9(x + 2) \Rightarrow x^2 + x^2 + 2x + 1 = 32 + 9x + 18 \Rightarrow$

$2x^2 - 7x - 49 = 0 \Rightarrow \Delta = 49 + 8 \cdot 49 = 49(1 + 8) = 49 \cdot 9$

$x = \frac{7 + 7 \cdot 3}{4} \Rightarrow x = \frac{7 \pm 21}{4} \Rightarrow \frac{28}{4}$ ou $x = \frac{-14}{4} \Rightarrow x = 7$ ou $x = -\frac{7}{2}$

Como x é inteiro, obtemos x = 7 ⇒ **Resposta:** 7, 8 e 9

Exemplo 3: Um tio vai dividir 115 selos entre os sobrinhos A, B e C. B vai receber o dobro de A e C vai receber o quádruplo do quadrado do que receber A. Quantos A vai receber?

Resolução: Se A receber x, B receberá 2x e C receberá $4x^2$. Então:

$x + 2x + 4x^2 = 115 \Rightarrow 4x^2 + 3x - 115 = 0 \Rightarrow$

$\Delta = 9 + 4(460) = 1849 = 43^2 \Rightarrow x = \frac{-3 \pm 43}{8} \Rightarrow x = 5$

Resposta: 5 selos

Exemplos 4: Um colecionador ia distribuir 360 gibis em um número de pessoas, mas como 3 pessoas abriram mão de suas partes, isto acarretou um aumento de 20 gibis na parte que caberia a cada um. Quantas pessoas aceitaram os gibis?

Resolução: Se **n** aceitaram, n + 3 era o número inicial de pessoas. Então:

$\frac{360}{n} - \frac{360}{n+3} = 20 \Rightarrow \frac{18}{n} - \frac{18}{n+3} = 1 \Rightarrow 18(n+3) - 18n = n(n+3) \Rightarrow$

$18n + 54 - 18n = n^2 + 3n \Rightarrow n^2 + 3n - 54 = 0 \Rightarrow (n+9)(n-6) = 0 \Rightarrow n = -9$ ou $n = 6 \Rightarrow$

Resposta: 6

Exemplo 5: Determinar um número de dois algarismos sabendo que o algarismo das dezenas excede o dobro do das unidades em 1 unidade e que o produto da diferença dos algarismos pelo número obtido quando trocamos a ordem dos algarismo é 148.

Resolução:

1) Sendo x o algarismo das dezenas e y o das unidades, o número **n** será 10x + y e invertendo a ordem obtemos n' = 10y + x. Então:

$\begin{cases} x = 2y + 1 \\ (x-y)(10y+x) = 148 \end{cases} \Rightarrow (2y+1-y)(10y+2y+1) = 148 \Rightarrow$

$\Rightarrow (y+1)(12y+1) - 148 = 0 \Rightarrow 12y^2 + 13y + 1 - 148 = 0 \Rightarrow$

$\Rightarrow 12y^2 + 13y - 147 = 0 \Rightarrow \Delta = 169 + 48(147) = 169 + 7056 \Rightarrow$

$\Rightarrow \Delta = 7225 = 85^2 \Rightarrow$

$y = \dfrac{-13 \pm 85}{24} \Rightarrow y = \dfrac{72}{24} = 3$ ou $y = \dfrac{-98}{24} \Rightarrow y = 3 \Rightarrow x = 7 \Rightarrow n = 73$

Resposta: 73

Exemplo 6: Dois móveis A e B, com velocidades de 10 km/h e 20 km/h, respectivamente, distando inicialmente 12 km um do outro, estão em uma estrada que tem um marco M distante 36 km de A, com B entre A e M. Eles partem no sentido de A para B. Depois de quanto tempo estes estarão a uma mesma distância de M?

Resolução:

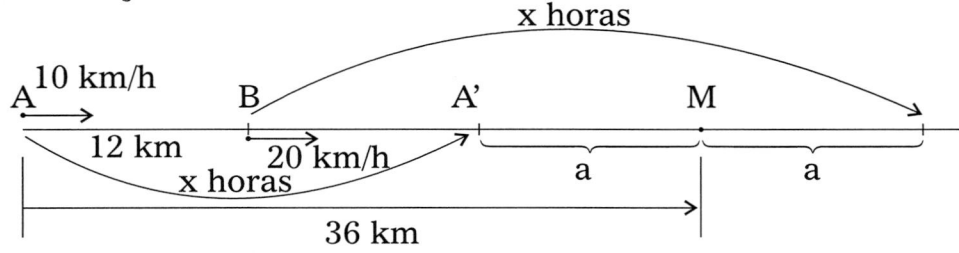

$\begin{cases} 10 \cdot x = 36 - a \\ 20 \cdot x = 36 - 12 + a \end{cases} \Rightarrow \begin{cases} a = 36 - 10x \\ a = 20x - 24 \end{cases} \Rightarrow 36 - 10x = 20x - 24$

$\Rightarrow 30x = 60 \Rightarrow x = 2$

Resposta: 2 horas

Exemplo 7: Três postos A, B e C com B entre A e C estão em uma estrada, com AB = 100 km. Um automóvel parte de A com velocidade de 60 km/h e outro de B com velocidade de 40 km/h, ambos em direção a C, e chegam em C juntos. Determinar BC.

Resolução:

Seja x o tempo que eles levam para chegar em C. Então:

$\begin{cases} 100 + d = 60x \\ d = 40x \end{cases} \Rightarrow 100 + 40x = 60x \Rightarrow 20x = 100 \Rightarrow x = 5$

Resposta: 5 horas

Resp: **207** a) $\left\{(3,2), \left(\dfrac{9}{4}, 4\right)\right\}$ b) $\left\{\left(-\dfrac{36}{11}, \dfrac{41}{11}\right), (4,1)\right\}$ **208** a) $\{(0,0), (17,17), (-3,12), (12,-3)\}$

Exemplo 8: Um barco, com velocidade própria de 18 km/h, parte de um ponto A localizado em um afluente do rio Itararé e desce 80 km até o ponto B onde este afluente desemboca no rio Itaré e, a seguir, sobe este até um ponto C.

Neste percurso ele gasta 18 horas e, no caminho de volta, gasta 15 horas. Determinar a distância que ele percorreu para ir de A até C se a velocidade das águas do rio Itararé é de 3 km/h.

Resolução: Seja x km/h a velocidade do afluente em questão e y km a distância entre B e C.

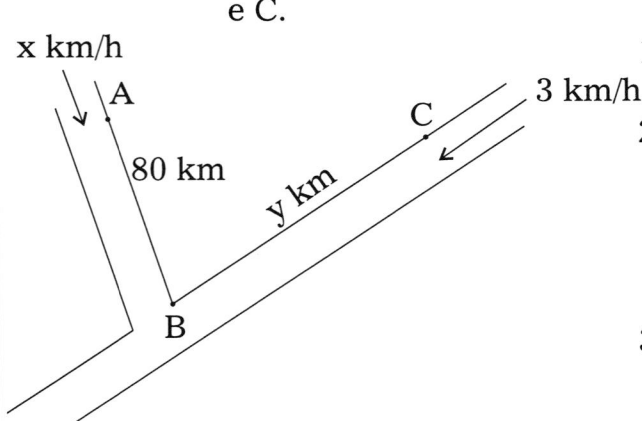

1) Note que $s = vt \Rightarrow t = \dfrac{s}{v}$

2) No trecho AB a velocidade do banco em relação à margem é $(18 + x)$ km/h e no trecho BC a velocidade é $(18 - 3)$ km/h = 15 km/h. Então:
$$\dfrac{80}{18+x} + \dfrac{y}{15} = 18$$

3) No trecho CB a velocidade do barco em relação à margem é $(18 + 3)$ km/h = 21 km/h e no trecho BA é $(18 - x)$ km/h. Então: $\dfrac{y}{21} + \dfrac{80}{18-x} = 15$

$$\begin{cases} \dfrac{80}{18+x} + \dfrac{y}{15} = 18 \\ \dfrac{y}{21} + \dfrac{80}{18-x} = 15 \end{cases} \Rightarrow \begin{cases} y = 15\left[18 - \dfrac{80}{18+x}\right] \\ y = 21\left[15 - \dfrac{80}{18-x}\right] \end{cases} \Rightarrow 5\left[18 - \dfrac{80}{18+x}\right] = 7\left[15 - \dfrac{80}{18-x}\right]$$

$\Rightarrow 90 - \dfrac{400}{18+x} = 105 - \dfrac{560}{18-x} \Rightarrow \dfrac{560}{18-x} - \dfrac{400}{18+x} = 15 \Rightarrow \dfrac{112}{18-x} - \dfrac{80}{18+x} = 3 \Rightarrow$

$\Rightarrow 112(18+x) - 80(18-x) = 3(18-x)(18+x) \Rightarrow$

$\Rightarrow 112 \cdot 18 + 112x - 80 \cdot 18 + 80x = 3(324 - x^2) \Rightarrow 192x + 112 \cdot 18 - 80 \cdot 18 = 3(324 - x^2)$

$\Rightarrow 64x + 112 \cdot 6 - 80 \cdot 6 = 324 - x^2 \Rightarrow x^2 + 64x + 672 - 480 - 324 = 0 \Rightarrow$

$\Rightarrow x^2 + 64x - 132 = 0 \Rightarrow (x+66)(x-2) = 0 \Rightarrow x = -66$ ou $x = 2$

Resposta: 2km/h

---

209 Resolver:

a) Determinar 3 números pares consecutivos sabendo que o quadrado do maior é igual à soma dos quadrados dos outros dois

b) O quadrado de um número é igual à soma de 20 com o quádruplo da soma dele com 3. Qual é esse número?

210 Resolver:

a) A diferença entre um número e o seu inverso é $\dfrac{21}{10}$. Qual é esse número?

b) Em uma divisão de número naturais, cujo dividendo é 490, verificou-se que o divisor é o dobro do resto e excede o quociente em 11. Determinar o resto.

c) A soma dos quadrados de dois números naturais dividida por cada um deles deixa resto 1 e quocientes 6 e 8. Quais são esses números?

211 Resolver:

a) Somando 9 a um número de dois algarismos obtemos um número com os mesmos algarismos. Se dividirmos o número original pelo produto dos seus algarismos obtemos quociente 2 e resto 5. Qual é esse número?

b) Uma pessoa verificou, depois de ler um livro de 720 páginas, que se lesse 30 páginas a mais por dia, gastaria 2 dias a menos para lê-lo. Em quantos dias ela leu o livro?

c) No final do ano letivo, um grupo de alunos que estava deixando o colégio resolveu trocar fotografias entre si. Quantos alunos havia nesta classe se foram trocadas 870 fotografias?

212 Resolver:

a) Determine 3 números, sabendo que o segundo excede o primeiro na mesma quantia em que o terceiro excede o segundo, e que o produto dos dois menores é 85 e o produto dos dois maiores é 115.

b) Dois trabalhadores trabalhando juntos fazem um serviço em 8 horas. Trabalhando individualmente um pode fazer o mesmo serviço 12 horas mais rápido que o outro. Quantas horas cada um gasta para fazer o serviço individualmente?

Resp: **209** a) 6,8 e 10 ou −2, 0 e 2　　b) 8 ou −14　　**210** a) $\frac{5}{2}$ ou $-\frac{2}{5}$　b) 14　c) 3 e 4

213 Duas fábricas recebem num mesmo dia encomendas de 810 ternos e 900 ternos, para entregarem em uma mesma data. A segunda completou o pedido 3 dias antes da data e a primeira o completou na data prevista. Quantos ternos faz cada fábrica por dia se a segunda faz 4 ternos a mais por dia do que a primeira?

214 Uma datilógrafa, depois de ter completado uma tarefa, observou que, se datilografasse 2 páginas a mais por dia, teria terminado o serviço 3 dias antes, e se datilografasse 4 páginas a mais por dia, teria terminado 5 dias antes. Quantas páginas ela datilografou por dia e durante quantos dias?

Achar dois números inteiros cuja a soma é igual a 1244 sabendo que se anexarmos o dígito 3 à direita do primeiro e suprimindo o último dígito, que é igual a 2, do segundo, obteremos números iguais.

216 Um número de três algarismo termina em 3. Se o 3 ao invés de estar no fim estivesse no começo do número, mantendo os outros dois algarismos na mesma sequência original, o número obtida superaria o triplo do número original em 1. Determinar este número.

217 Um número excede outro em 10 unidades e um estudante ao multiplicar um pelo outro cometeu um erro, diminuindo 4 do algarismo das dezenas do produto. Ao dividir o produto obtido pelo menor deles, para comprovar o resultado, obteve 39 para quociente e 22 para resto. Determinar esse números, sabendo que são naturais.

Resp: **211** a) 45   b) 8 dias   c) 30 alunos   **212** a) 8,5; 10; 11,5   b) 24 horas e 12 horas

218 Dois postos A e B estão em uma estrada.

a) Se um carro com a velocidade de 75 km/h gasta 4 horas para ir de A até B, qual é a distância entre A e B?

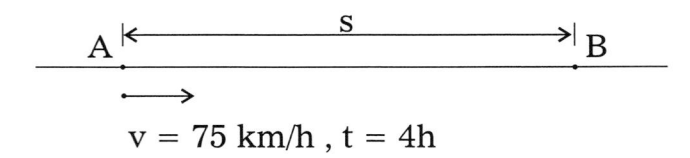

$$A \xleftarrow{\quad s \quad} B$$
$$\longrightarrow$$
$$v = 75 \text{ km/h}, t = 4h$$

b) Com a velocidade de 60 km/h quantas horas o carro levaria para ir de A até B?

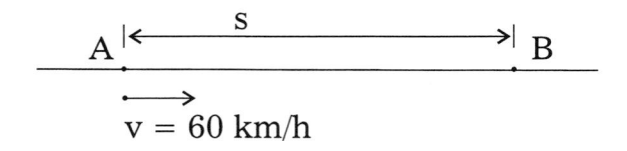

$$A \xleftarrow{\quad s \quad} B$$
$$\longrightarrow$$
$$v = 60 \text{ km/h}$$

c) Qual deve ser a velocidade média do carro para ir de A até B em 2h30min ?

$$A \quad s \quad B$$
$$\longrightarrow$$
$$v \qquad t = 2h30min$$

219 Por uma determinada estrada a distância entre duas cidades A e B é de 420 km/h. Um carro nesta estrada passa por A a 40 km/h, no sentido de A para B, alcança em determinado trecho da estrada a velocidade de 130 km/h, faz uma parada em um posto e em seguida retoma a viagem e quando passa por B ele está a 80km/h. Se ele gastou 6 horas entre a passagem por A e a passagem por B, qual a velocidade média deste carro entre A e B?

A		Posto		B
		Parado		
→	→			→
40 km/h	130 km/h			80 km/h

220 Em uma estrada há 3 postos A, B e C com B entre A e C com AB = 40 km e BC = 135 km. Um ciclista vai de A até B a 20 km/h e de B até C a 45 km/h. Qual é a velocidade média dele no trajeto total de A até C, sabendo que não houve parada em B?

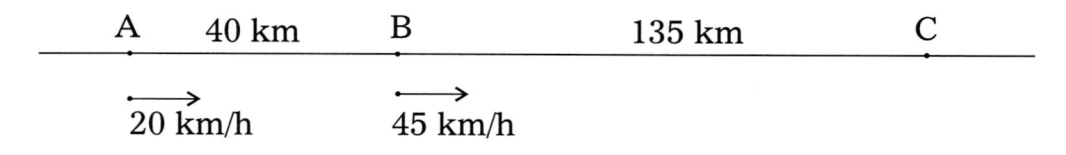

```
A      40 km      B         135 km         C
•─────────────────•───────────────────────•
  ──→                ──→
  20 km/h            45 km/h
```

221 Um trecho de estrada é composto de dois trechos, um AB de 240 km e outro BC de 180 km. Um carro faz o primeiro a 80 km/h. A que velocidade ele deve percorrer o segundo trecho para que a velocidade média no percurso total seja de 84 km/h

```
A         240 km          B        180 km      C
•─────────────────────────•───────────────────•
  ──→                        ──→
  80 km/h                     v
```

Resp: **213** 20 e 24   **214** 8 páginas por dia durante 15 dias   **215** 12 e 1232   **216** 103   **217** 31 e 41

222 Sejam A, B e C pontos ao longo de uma estrada com B entre A e C.

a) Mostre que se as velocidades médias dele nos trechos AB e AC são iguais a **V**, então a velocidade média dele no trecho todo AC é também igual a **V**.

```
    A           B               C
────•───────────•───────────────•────
```

b) Mostre que se um veículo gasta tempos iguais para percorrer os trechos, AB e BC, então a sua velocidade média no trecho AC é a média aritmética das suas velocidades médias nos trechos AB e BC.

```
    A       B                       C
────•───────•───────────────────────•────
```

c) Se os trechos AB e AC são iguais e percorridos com velocidades V_1 e V_2, determinar a velocidade média no trecho AC.

```
    A                   B           C
────•───────────────────•───────────•────
```

223 A velocidade das águas de um rio é de 3 km/h e um barco com a velocidade própria de 12 km/h sobe e desce este rio. Determinar:

Obs.: Velocidade própria de um barco é a velocidade dele em águas de um lago (água parada)

a) Determinar a velocidade do barco em relação à margem quando ele desce o rio.

⟶ $v_a = 3$ km/h   ⟶ $v_b = 12$ km/h

b) Determinar a velocidade do barco em relação à margem quando ele sobe o rio.

⟶ $v_a = 3$ km/h   ⟵ $v_b = 12$ km/h

224 Dois postos A e B (A acima e B abaixo) estão nas margens de um rio cuja velocidade das águas é de 2 km/h e a distância entre A e B, navegando pelas águas do rio, é igual a 120 km. Determinar o tempo gasto por um barco com velocidade própria de 10 km/h, para com a mesma velocidade própria,

a) ir de A até B

b) voltar de B até A

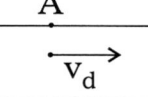

$v_a = 2$ km/h ⟶   A   120 km   B
                   $\vec{v_d}$ ⟵ v_s

225 A velocidade das águas de um rio é de 3 km/h. Se um barco leva 12 horas para descer 180 km deste rio, quantas horas ele leva para subir os mesmos 180 km com a mesma velocidade própria?

        A   180 km   B

3 km/h ⟶

Resp: **218** a) 300 km   b) 5 horas   c) 120 km/h   **219** 70 km/h   **220** 35 km/h   **221** 90 km/h

226 Dois pontos A e B estão nas margens de um rio, com a correnteza de 4 km/h indo de A para B. Um barco com a mesma velocidade própria na descida e na subida gasta 9 horas para descer de A até B e 21 horas para subir de B até A, sem parar em B. Determinar:

a) A velocidade própria do barco.
b) A distância entre A e B pelo rio.
c) A velocidade média no percurso todo.

227 Um caminhão parte de um ponto A em direção a um ponto B e uma hora mais tarde um carro parte de A também em direção a B. Ambos chegam em B no mesmo instante. Se eles tivessem partido simultaneamente, um de A e outro de B, indo um de encontro ao outro, esse encontro se daria depois de 1 hora e 12 minutos. Qual o tempo que o caminhão leva para ir A até B?

228 A distância entre duas estações é de 96 km. Um trem com velocidade de 12 km/h mais que outro vai de uma estação a outra em um tempo que é 40 minutos menor do que o tempo gasto pelo outro. Qual é a velocidade de cada trem?

229 A distância entre duas cidades A e B é de 24 km. Uma pessoa parte de A em direção a B no mesmo instante em que uma parte de B em direção a A. A primeira caminha 2 km/h mais rápido do que a segunda e chega em B 1 hora antes da segunda chegar em A. Quantos quilômetros cada uma anda em 1 hora?

---

esp: **222** a) $V = \dfrac{V_1 + V_2}{2}$ b) $V_m = V$ c) $V = \dfrac{2 V_1 V_2}{V_1 + V_2}$ **223** a) 15 km/h   b) 9 km/h   **224** a) 10 h   b) 15 h   **225** 20 horas

230 Um barco desce 28 km de um rio e depois retorna ao ponto de partida. Neste percurso ele gasta 7 horas. Ache a velocidade própria do barco, se a velocidade da água do rio é de 3 km/h.

231 O caminho percorrido por um ciclista é composto de 3 partes, sendo a primeira igual a 6 vezes a terceira. Determinar a velocidade média do ciclista no caminho todo, se ela é igual à velocidade dele na segunda parte, é 2 km/h menos que a velocidade dele na primeira parte e é 10 km/h mais que a metade da velocidade dele na terceira parte.

VII EXERCÍCIOS DE FIXAÇÃO

232 Em cada multiplicação dada a seguir há apenas um par de termos semelhantes. Fazendo a redução de semelhantes mentalmente, escreva o resultado da multiplicação:

a) $(3x - 5)(2x - 3) = 6x^2 - 19x + 15$

b) $(3x - 4)(2x - 3) =$

c) $(3x - 4)(5x + 2) =$

d) $(2x - 4)(3x + 5) =$

e) $(2x + 4)(3x + 1) =$

f) $(5x - 2)(2x + 7) =$

g) $(3x + 2)(-3x + 5) =$

h) $(-3x + 2)(-3x + 4) =$

i) $(5x - 2y)(3x + 5y) =$

j) $(-2x + y)(-4x + 3y) =$

233 Em cada multiplicação dada a seguir há apenas dois pares de termos semelhantes. Fazendo a redução destes pares mentalmente, escreva o resultado das multiplicações:

a) $(3x^2 + 2x + 3)(2x + 5) =$
   $= 6x^3 + 19x^2 + 16x + 15$

b) $(2x^2 + 4x + 3)(3x + 2)$

c) $(2x^2 + 3x + 2)(3x + 1)$

d) $(3x^2 - 2x - 3)(5x - 2)$

e) $(3x + 5)(3x^2 + 2x + 4)$

f) $(2x - 4)(3x^2 - 2x - 1)$

g) $(3x - 2y)(x^2 - 2xy + 3y^2)$

h) $(2x - 3y)(3x^2 - 4xy + y^2)$

234 Fazendo as multiplicações mentalmente, simplificar as expressões:

a) $(2x + 3)(3x + 1) + (4x - 2)(3x - 2) + (5x - 3)(4x - 3) + (-2x - 1)(4x - 3)$

b) $2(2x^2 - 3x - 3)(2x - 1) - 3(2x - 1)(5x^2 - x - 3) - 4(-3x^2 - 3x - 2)(2x - 3)$

235 Simplificar as seguintes expressões:

a) $2(3x - 2)(5x - 1) - (16x^3 - 4x^2) : (-4x) - 3(3x^2 - 2x - 1)(5x + 1) - (52x^4 - 26x^3) : (-13x) + 41x^3$

b) $-(42x^3 - 28x^2) : (-14x) - 2(2x^2 - 4x - 2)(3x - 1) - (-65x^5 - 39x^4 - 52x^3) : (-13x^2) + 17x^3$

236 Determinar os seguintes produtos:

a) $(5x^3 - 3x^2 - y)^2 =$

b) $(3x^2 - 5x - 2)^2 =$

c) $(4x^2 - 2x + 7)^2 =$

Resp: **226** a) 10 km/h   b) 126 km   c) 8,4 km/h   **227** 3 horas   **228** 36 km/h e 48 km/h   **229** 6 km e 8 km/h

237 Determinar os seguintes produtos:

a) $(m + n)(m^2 - mn + n^2) =$

b) $(r - s)(r^2 + rs + s^2) =$

c) $(2x - 1)(4x^2 + 2x + 1) =$

d) $(a + 3)(a^2 - 3a + 9) =$

e) $(5x + 1)(1 - 5x + 25x^2) =$

f) $(7 - y)(y^2 + 7y + 49) =$

g) $(x - \sqrt[3]{7})(x^2 + \sqrt[3]{7}\,x + \sqrt[3]{49}) =$

h) $(5x + \sqrt[3]{9})(25x^2 - 5\sqrt[3]{9}\,x + 3\sqrt[3]{3}) =$

238 Simplificar as seguintes expressões:

a) $(x + y)(x^2 - xy + y^2) - (x - y)(x^2 + xy + y^2) - 2(2x - 3y)(4x^2 + 6xy + 9y^2) - 7(6y^3 - 5x^3)$

b) $2(2x^2 - 3x - 4)^2 - 3x(x + 2)(x^2 - 2x + 4) + 2x^2(2x - 3)(3x + 2) - 2x^3(8x - 17)$

c) $3(3x^2 + 2)(-x + 3) - 2(x - 1)(x^2 + x + 1) - 3(2x - 1)(4x^2 - 2x + 1) + 2x^2(18x - 25)$

239 Resolver as seguintes equações, em R:

a) $(2x - 3)(4x^2 + 6x + 9) - 2x(2x - 1)^2 - 3(x + 3)(x - 3) = (x + 4)(x - 7) - 9(x - 4) - 4x$

b) $(2x^2 + 3x - 4)^2 - 12(x - 1)(x^2 + x + 1) - (2x^2 + 3)^2 = (7 - 3x)(7 + 3x) - x(x + 30) - 45x$

c) $(2x + 3)(4x^2 - 6x + 9) - 2x(2x - 5)^2 = 2(x + 8)(x - 2) - (x + 6)(x - 6) + (3x + 1)(x + 3) - 7$

d) $4(x^2 - 3)(x^2 + 7) - (2x^2 - x + 4)^2 = 4(x - 3)(x^2 + 3x + 9) - (13x - 1)(x - 3) - 1$

240 Fatorar:

a) $x^2 - 7xy + 10y^2 =$

b) $x^2 - 5ax - 24a^2 =$

c) $y^2 - 2my - 24m^2 =$

d) $a^2 + 3ab - 28b^2 =$

e) $21y^2 + 10xy + x^2 =$

f) $15x^2 - 8xy + y^2 =$

g) $y^2 - 6xy - 27x^2 =$

h) $1 - 9x + 20x^2 =$

i) $1 - 5x - 24x^2 =$

j) $18x^2 - 11x + 1 =$

241 Fatorar:

a) $x^4 - 5x^2 + 4$

b) $x^4 - 5x^2 - 36$

c) $x^4 - 4x^2 + 3$

d) $x^4 - 3x^2 - 108$

e) $x^3 - 15x^2 - 16x$

f) $3x^5 - 36x^3 - 192x$

g) $3x^3y + 27x^2y^2 - 66xy^3$

h) $4x^6y + 12x^4y^3 - 16x^2y^5$

242 Fatorar as seguintes expressões:

a) $6ax + 3ay + 2bx + by$

b) $2ax - 4ay - 3bx + 6by$

c) $8x^2 - 4xy + 6ax - 3ay$

d) $3x^2y - 9xy^2 - 4ax + 12ay$

e) $a^2 + bx + ax + ab$

f) $x^2 - 14ay + 7xy - 2ax$

g) $6ax + 4bx - 9ay - 6by - 21a - 14b$

h) $6ax - 9bx - 12x - 4ay + 6by + 8y$

i) $18a^2x - 12a^2y - 27ax + 18ay$

j) $24x^4 - 36x^3 - 16x^3y + 24x^2y$

k) $12x^4 - 48x^2 - 9x^3y + 36xy$

l) $2x^3 - 3x^2y - 16x^2 + 24xy + 14x - 21y$

243 Fatorar as seguintes expressões:

a) $6x^5 + 48x^2y^3$

b) $108x^4y - 4xy^4$

c) $x^6 - y^6$

d) $x^6 + 16x^3y^3 + 64y^6$

e) $16x^4 - 18x$

f) $108x^4y + 256xy$

g) $x^4 - 3x^3y - 8xy^3 + 24y^4$

h) $x^5 - 4x^3 + x^2 - 4$

244 Simplificar as seguintes frações:

a) $\dfrac{x^2 - 7x + 10}{x^2 + 3x - 10} =$ b) $\dfrac{x^2 - x - 30}{4x^2 + 20x} =$ c) $\dfrac{x^2 - 2x - 15}{x^3 + 27} =$

d) $\dfrac{x^2 - 9xy - 36y^2}{x^2 + 6xy + 9y^2} =$ e) $\dfrac{x^3 - 8y^3}{x^2 + 10xy - 24y^2} =$ f) $\dfrac{12x^2y + 8xy^2}{9x^2 + 12xy + 4y^2} =$

g) $\dfrac{2x^2 + 4ax + 3xy + 6ay}{x - 5ax - 14a^2} =$ h) $\dfrac{6x^2 - 4bx - 3ax + 2ab}{6xy - 2ax - 3ay + a^2} =$ i) $\dfrac{2x^3 + 3x^2 + 8x + 12}{2x^3 + 3x^2 - 8x - 12} =$

245 Efetuar as seguintes multiplicações (simplificar antes, se possível):

a) $\dfrac{8x^3 - 27}{12x^2 - 8x} \cdot \dfrac{9x^2 - 12x + 4}{8x^3 + 12x^2 + 18x}$ b) $\dfrac{x^2 + xy - 6y^2}{x^2 + ax - 2xy - 2ay} \cdot \dfrac{3x^2 + 3ax}{x^2 + 6xy + 9y^2}$

c) $\dfrac{3x^2 + 3xy + 2ax + 2ay}{3x^2 - 9xy - 2ax + 6ay} \cdot \dfrac{x^2 + 4xy - 21y^2}{9x^2 + 12ax + 4a^2} \cdot \dfrac{4xy + 6ay}{4x^2y + 28xy^2} \cdot \dfrac{18x^3 - 8a^2x}{2x^2 + 2xy - 3ax - 3ay}$

246 Efetuar a divisão, nos casos:

a) $\dfrac{8a^3 - b^3}{16a^3 + 8a^2b + 4ab^2} : \dfrac{4a^2 - b^2}{4a^2 + 4ab + b^2}$ b) $\dfrac{a^4 - b^2}{a^2x + ab + a^3 + bx} : \dfrac{4a^3b - 4ab^2}{x^2 - a^2}$

c) $\left(\dfrac{2x^2 - 2ax - x + a}{x^2 - 16a^2} : \dfrac{8x^3 + 1}{x^2 - 4ax - 32a^2} \right) : \left(\dfrac{4x^2 - 4x + 1}{2x^2 + 2ax - x - a} : \dfrac{2x^2 + x - 8ax - 4a}{x^2 - 7ax - 8a^2} \right)$

247 Efetuar as seguintes adições e subtrações:

a) $\dfrac{3x^2 + 2}{4x^2 + 4x + 1} + \dfrac{x^2 - 3}{4x^2 + 4x + 1}$ b) $\dfrac{4x^2}{x^2 - 9} - \dfrac{3(x+1)}{x+3}$ c) $\dfrac{3(x+1)}{x^2 + x - 2} - \dfrac{2(x+2)}{x^2 - 1} - \dfrac{x-1}{x^2 + 3x + 2}$

248 Simplificar as seguintes expressões:

a) $\dfrac{x-y}{x+y} + \dfrac{x+y}{x-y} - \dfrac{4xy}{x^2 - y^2}$ b) $\dfrac{x-1}{x+5} + \dfrac{x-3}{5-x} - \dfrac{5-x^2}{x^2 - 25}$

c) $\dfrac{2x-3}{x-3} + \dfrac{3-7x}{9-x^2} - \dfrac{x+7}{x+3}$ d) $\dfrac{x^2 + 3}{x+1} + \dfrac{x-2}{1-x} - \dfrac{x(3-x)}{x^2 - 1}$

e) $\dfrac{x^2 - 4x - 21}{x^2 - 5x - 14} + \dfrac{x^3 + 7x^2 + x + 7}{x^2 + 4x - 21} - \dfrac{5x^2 - 5x}{x^2 - x - 6} - \dfrac{x^4 + x^3 + 2x + 2}{x^4 - 3x^3 + 2x - 6}$

249 Simplificar as seguintes expressões:

a) $\left(\dfrac{2x-3}{x+3} + \dfrac{x-4}{x-5} + \dfrac{2x^3 + 20x + 6}{x^2 - 2x - 15} \right) \cdot \left(\dfrac{x+3}{2x+3} - \dfrac{15x^2 - 5x - 8}{4x^2 - 9} - \dfrac{3 - x^2}{2x - 3} \right)$

b) $\left(\dfrac{x+2}{x^2 - x - 2} - \dfrac{x+1}{x^2 - 4} + \dfrac{x-2}{x^2 + 3x + 2} \right) : \left(\dfrac{x^4 - 2}{x - 2} + \dfrac{7x^2 - 8}{x + 2} - \dfrac{4x^4 - 19x^2 - 23}{x^2 - 4} \right)$

250 Dada a expressão E na variável real x, determine o domínio de validade (D) de E nos casos:

a) $E = \dfrac{x+5}{x-2} + \dfrac{x-5}{x-1} + \dfrac{1}{x}$ b) $E = \dfrac{3x}{x+3} - \dfrac{x+2}{x^2 - 9} - \dfrac{x-4}{x-1}$

c) $E = \dfrac{x+2}{x^2 - x - 12} - \dfrac{x-7}{x^4 - 1} - \dfrac{2x+3}{x^3 - 27}$ d) $E = \left(\dfrac{x+3}{2x-1} - \dfrac{x-1}{3x+2} \right) : \dfrac{x^2 - 4}{x^2 + 2x - 15}$

251 Determinar o valor numérico da expressão E, nos casos:
(É conveniente, primeiramente, simplificar as expressões algébricas)

a) $E = \dfrac{2x-3}{x-7} - \dfrac{20x + 14}{x^2 - 49} - \dfrac{3x+2}{x+7}$, para x = 43

b) $E = \left(\dfrac{x+2}{x-5} - \dfrac{x-2}{x+5} - \dfrac{x^2 + 45}{25 - x^2} \right) : \left(\dfrac{2x-1}{x-5} - \dfrac{x+5}{x+3} - \dfrac{4 - 6x}{x^2 - 2x - 15} \right)$, para $x = -\dfrac{17}{9}$

Resp: **230** 9 km/h **231** 14 km/h **232** a) $6x^2 - 19x + 15$ b) $6x^2 - 17x + 12$ c) $15x^2 - 14x - 8$ d) $6x^2 - 2x - 20$
e) $6x^2 + 14x + 4$ f) $10x^2 + 31x - 14$ g) $-9x^2 + 9x + 10$ h) $9x^2 - 18x + 8$ i) $15x^2 + 19xy - 10y^2$ j) $8x^2 - 10xy + 3y^2$
233 a) $6x^3 + 19x^2 + 16x + 15$ b) $6x^3 + 16x^2 + 17x + 6$ c) $6x^3 + 11x^2 + 9x + 2$ d) $15x^3 - 16x^2 - 11x + 6$ e) $9x^3 + 21x^2 + 22x + 20$
f) $6x^3 - 16x^2 + 6x + 4$ g) $3x^3 - 8x^2y + 13xy^2 - 6y^3$ h) $6x^3 - 17x^2y + 14xy^2 - 3y^3$ **234** a) $30x^2 - 28x + 19$ b) $2x^3 - 7x^2 - 11x - 27$
235 a) $53x^2 - 6x + 7$ b) $28x^2 - 2x - 4$ **236** a) $25x^6 + 9x^4 + y^2 - 30x^5 - 10x^3y + 6x^2y$ b) $9x^4 - 30x^3 + 13x^2 + 20x + 4$
c) $16x^4 - 16x^3 + 60x^2 - 28x + 49$

252 Resolver, fatorando antes, as seguintes equações:

a) $x^2 - 8x + 15 = 0$
b) $x^2 + 13x + 36 = 0$
c) $x^2 - 5x - 36 = 0$
d) $x^2 + 7x - 44 = 0$
e) $1 + 9x + 14x^2 = 0$
f) $1 - 3x - 28x^2 = 0$
g) $2x^3 - 2x^2 - 24x = 0$
h) $3x^4 - 24x^3 + 21x^2 = 0$
i) $5x - 5x^2 - 100x^3 = 0$
j) $7x + 56x^2 - 455x^2 = 0$

253 Resolver as seguintes equações:

a) $x^4 - 4x^2 = 0$
b) $x^4 - 18x^2 + 81 = 0$
c) $x^4 + 4x^2 - 45 = 0$
d) $1 - 13x^2 + 36x^4 = 0$
e) $x^7 - 729x = 0$
f) $2x^7 + 14x^4 - 16x = 0$
g) $x^3 + 7x^2 - 9x - 63 = 0$
h) $x^5 + 2x^4 - 27x^2 - 54x = 0$
i) $x^5 + 3x^4 - 40x^3 - 8x^2 - 24x + 320 = 0$
j) $x^7 + 5x^6 - 9x^5 - 45x^4 + 8x^3 + 40x^2 - 72x - 360 = 0$

254 Resolver as seguintes equações:

a) $2(x-4)(x-2) - 3(x+2)(x^2-2x+4) = (2+x)(2-x)(4+x^2) + 3(x-3)(x-5) - 3(x^3+11)$

b) $x^3(x^2+1)^2 + x^2(x+2)(x^2-2x+4) = 6x^2(x^2+2)(x^2+1) + 2x(x-1)(x-4) - 5x - 18$

c) $(2x^2+3x-4)^2 + 2x^2(x-3)(x^2+3x+9) = x^2(11x-5)(x+1) - 2(x^2-89) - 213x$

255 Resolver as seguintes equações:

a) $\dfrac{x+2}{x-1} - \dfrac{x-3}{x+1} = \dfrac{2x^2+4x}{x^2-1}$

b) $\dfrac{2x+1}{x+2} = \dfrac{11x^2+16x}{x^2-4} + \dfrac{3x-1}{2-x}$

c) $3x = \dfrac{x-10}{x+5} + \dfrac{x+7}{4-x} + \dfrac{3x^3-20x}{x^2+x-20}$

256 Resolver as seguintes equações:

a) $\dfrac{15x-1}{x-3} + \dfrac{6x^3-x-23}{x^2-9} = \dfrac{2-15x}{x+3}$

b) $\dfrac{3x-1}{x-1} - \dfrac{x-4}{x+4} - \dfrac{9x^2-14x+8}{x^2+3x-4} = 2$

257 Resolver as equações:

a) $\dfrac{4x^4+3x}{x^2+4x+3} - \dfrac{12x^3-3}{x^2-1} - \dfrac{158x^2-433x+305}{x^3+3x^2-x-3} = \dfrac{1-47x^2}{x^2+2x-3}$

b) $\dfrac{57x^4-4x^3+5x^2+3x-3}{x^4-16} - \dfrac{4x^5+1}{x^3+2x^2+4x+8} = \dfrac{1-4x^5}{x^2-4} + \dfrac{27x^4-1}{x^3-2x^2+4x-8}$

258 Resolver as seguintes equações:

a) $\dfrac{x^2+2}{x^2+1} = \dfrac{x^2-2}{1-x^2} - \dfrac{4}{x^2-1}$

b) $\dfrac{1}{x^2} + \dfrac{1}{x^4} = 4\left(\dfrac{1-x^4}{x^4} - \dfrac{3}{2x^2}\right)$

c) $\dfrac{6}{x^4-1} - \dfrac{2}{x^2-1} = 2 - \dfrac{x^2+4}{x^2+1}$

d) $\dfrac{6}{4x^4-1} + \dfrac{2}{1-2x^2} = 1 - \dfrac{3}{2x^2+1}$

e) $\dfrac{3x^2-1}{x^2+2} - \dfrac{18}{2-x^2} = \dfrac{7x^4-28}{x^4-4} + \dfrac{7}{2+x^2}$

259 Resolver:

a) $9\left(\dfrac{3x-7}{4x-6}\right)^4 - 37\left(\dfrac{3x-7}{4x-6}\right)^2 + 4 = 0$

b) $2(4x^2-6x-1)^4 - 15(4x^2-6x-1)^2 - 27 = 0$

260 Resolver as equações:

a) $\sqrt{x^2+2x+13} - \sqrt{x^2+2x+6} = 1$
b) $\sqrt{14-x} = \sqrt{x-4} + \sqrt{x-1}$
c) $\sqrt{3y+7} - \sqrt{y-2} - \sqrt{y+3} = 0$

261 Resolver as equações:

a) $\sqrt{x+1} - 1 = \sqrt{x - \sqrt{x+8}}$
b) $\sqrt{x-25} + \sqrt{x+2} - \sqrt{x-9} = \sqrt{x-18}$
c) $\sqrt[3]{15+2x} + \sqrt[3]{13-2x} = 4$

262 Resolver as equações:

a) $(x-1)^{\frac{1}{2}} + 6(x-1)^{\frac{1}{4}} = 16$
b) $2\sqrt[3]{z^2} - 3\sqrt[3]{z} = 20$
c) $x^2 + 11 + \sqrt{x^2+11} = 42$

263 Resolver as seguintes equações:

a) $\dfrac{x-1}{1+\sqrt{x}} = 4 - \dfrac{1-\sqrt{x}}{2}$ b) $\dfrac{3+x}{3x} = \sqrt{\dfrac{1}{9} + \dfrac{1}{x}\sqrt{\dfrac{4}{9} + \dfrac{2}{x^2}}}$ c) $\dfrac{4}{x+\sqrt{x^2+x}} - \dfrac{1}{x-\sqrt{x^2+x}} = \dfrac{3}{x}$

264 Resolver as quações:

a) $\dfrac{\sqrt{x^2-16}}{\sqrt{x-3}} + \sqrt{x+3} = \dfrac{7}{\sqrt{x-3}}$ b) $\dfrac{\sqrt{27+x}+\sqrt{27-x}}{\sqrt{27+x}-\sqrt{27-x}} = \dfrac{27}{x}$

c) $\sqrt{\dfrac{2x+2}{x+2}} - \sqrt{\dfrac{x+2}{2x+2}} = \dfrac{7}{12}$

265 Resolver os seguintes sistemas:

a) $\begin{cases} 2x - 3y = 7\sqrt{3} \\ 5x + 2y = 8\sqrt{3} \end{cases}$ b) $\begin{cases} 2\sqrt{3}\,x - 3y = 18 - 3\sqrt{3} \\ 3x - \sqrt{3}\,y = 9\sqrt{3} - 3 \end{cases}$ c) $\begin{cases} 3x - y = 6\sqrt{3} - 2 \\ x + 2y = 2\sqrt{3} + 4 \end{cases}$

266 Determinar os parâmetros **a** e **b** de modo que (3, –4) seja solução do sistema nas variáveis **x** e **y** dado.

$\begin{cases} (a-1)x - (b-1)y = 4a+1 \\ (2b-4)x + (a-b)y = 2b-4 \end{cases}$

267 Determinar os valores reais das variáveis, nos casos:

Obs: Os radicandos em questão são tais que as raízes são números reais.

a) $(2x - 3y - 18)^2 + (3x + 2y - 1)^2 = 0$ b) $(a + b + 3)^2 + (a + c - 1)^2 + (b + c - 6)^2 = 0$

c) $\sqrt{4x + 3y - 6} + \sqrt{3x - y - 11} = 0$ d) $\sqrt[6]{3x - 4y - 8} = -\sqrt[8]{2x + 7y - 15}$

e) $(2x - 3y - z - 9)^2 + \sqrt{3x + 2y + z - 4} + (4x - y + 2z - 17)^4 = 0$

Resp:

237 a) $m^3 + n^3$ b) $r^3 - s^3$ c) $8x^3 - 1$ d) $a^3 + 27$ e) $125x^3 + 1$ f) $343 - y^3$ g) $x^3 - 7$ h) $125x^3 + 9$

238 a) $19x^3 + 14y^3$ b) $x^4 - 26x^2 + 24x + 32$ c) $x^3 + x^2 - 18x + 23$ **239** a) $\{-4, \frac{1}{2}\}$ b) $\{\frac{2}{3}, 5\}$

c) $\{\frac{1}{2}, \frac{3}{2}\}$ d) $\{\frac{4-\sqrt{7}}{3}, \frac{4+\sqrt{7}}{3}\}$ **240** a) $(x-2y)(x-5y)$ b) $(x-8a)(x+3a)$ c) $(y-6m)(y+4m)$

d) $(a+7b)(a-4b)$ e) $(x+3y)(x+7y)$ f) $(y-3x)(y-5x)$ g) $(y-9x)(y+3x)$ h) $(1-4x)(1-5x)$

i) $(1-8x)(1+3x)$ j) $(1-2x)(1-9x) = (2x-1)(9x-1)$ **241** a) $(x+1)(x-1)(x+2)(x-2)$

b) $(x^2+4)(x+3)(x-3)$ c) $(x+1)(x-1)(x+\sqrt{3})(x-\sqrt{3})$ d) $(x^2+9)(x+2\sqrt{3})(x-2\sqrt{3})$ e) $x(x-16)(x+1)$

f) $3x(x^2+4)(x+4)(x-4)$ g) $3xy(x-2y)(x+11y)$ h) $4x^2y(x^2+4y^2)(x+y)(x-y)$ **242** a) $(2x+y)(3a+b)$

b) $(x-2y)(2a-3b)$ c) $(2x-y)(4x+3a)$ d) $(x-3y)(3xy-4a)$ e) $(a+x)(a+b)$ f) $(x+7y)(x-2a)$

g) $(3a+2b)(2x-3y-7)$ h) $(2a-3b-4)(3x-2y)$ i) $3a(3x-2y)(2a-3)$ j) $4x^2(2x-3)(3x-2y)$ k) $3x(x+2)(x-2)(4x-3y)$

l) $(2x-3y)(x-1)(x-7)$ **243** a) $6x^2(x+2y)(x^2-2xy+4y^2)$ b) $4xy(3x-y)(9x^2+3xy+y^2)$

c) $(x+y)(x-y)(x^2-xy+y^2)(x^2+xy+y^2)$ d) $(x+2y)^2(x^2-2xy+4y^2)^2$ e) $2x(2x-\sqrt[3]{9})(4x^2+2\sqrt[3]{9}\,x+3\sqrt[3]{3})$

f) $4xy(3x+4)(9x^2-12x+16)$ g) $(x-3y)(x-2y)(x^2+2xy+4y^2)$ h) $(x+1)(x+2)(x-2)(x^2-x+1)$

244 a) $\dfrac{x-5}{x+5}$ b) $\dfrac{x-6}{4x}$ c) $\dfrac{x-5}{x^2-3x+9}$ d) $\dfrac{x-12y}{x+3y}$ e) $\dfrac{x^2+2xy+4y^2}{x+12y}$ f) $\dfrac{4xy}{3x+2y}$ g) $\dfrac{2x+3y}{x-7a}$

h) $\dfrac{3x-2b}{3y-a}$ i) $\dfrac{x^2+4}{x^2-4}$ **245** a) $\dfrac{6x^2-13x+6}{8x^2}$ b) $\dfrac{3x}{x+3y}$ g) $\dfrac{2x+3a}{2x-3a}$ **246** a) $\dfrac{2a+b}{4a}$ b) $\dfrac{x-a}{4ab}$

c) $\dfrac{x-a}{4x^2-2x+1}$ **247** a) $\dfrac{2x-1}{2x+1}$ b) $\dfrac{x+3}{x-3}$ c) $\dfrac{-6}{(x+1)(x-1)(x+2)}$ ou $\dfrac{6}{(x+1)(1-x)(x+2)}$

248 a) $\dfrac{2(x-y)}{x+y}$ b) $\dfrac{x-3}{x+5}$ c) $\dfrac{x+3}{x-3}$ d) $\dfrac{x^2+1}{x+1}$ e) $\dfrac{x^2+3}{x+2}$ **249** a) $\dfrac{2x^4+8x^2+6}{2x^2+3x-9}$ b) $\dfrac{1}{x^4+x^3+5x+5}$

250 a) $D = R - \{0, 1, 2\} = R^* - \{1, 2\}$ b) $D = R - \{-3, 1, 3\}$ c) $D = R - \{\pm 1, \pm 3, 4\}$

d) $D = R - \{\pm 2, \frac{1}{2}, -\frac{2}{3}, 3, -5\}$ **251** a) $-\dfrac{4}{5}$ b) 10

147

268 Resolver os sistemas:

a) $\begin{cases} 3x^2 - 2y^2 = 4 \\ x^2 + y^2 = 3 \end{cases}$
b) $\begin{cases} 2x^4 + 3y^4 = 56 \\ x^4 + 2y^4 = 36 \end{cases}$
c) $\begin{cases} 3x^3 + y^3 = -2 \\ x^3 - y^3 = 10 \end{cases}$
d) $\begin{cases} 4x^4 + y^4 = 8 \\ 5x^4 - y^4 = 1 \end{cases}$

269 Resolver:

a) $\begin{cases} x^3 - 2x^2y = 64 \\ x - 2y = 4 \end{cases}$
b) $\begin{cases} x^2y - y^3 = 6 \\ xy + y^2 = 6 \end{cases}$
c) $\begin{cases} x^4 - y^4 = 8 \\ x^2 - y^2 = 2 \end{cases}$
d) $\begin{cases} x^5 - xy^4 = 700 \\ x^3 - xy^2 = 100 \end{cases}$

270 Resolver:

a) $\begin{cases} x^3 + y^3 = 124 \\ x^2 - xy + y^2 = 31 \end{cases}$
b) $\begin{cases} x^3 - y^3 = 341 \\ x - y = 11 \end{cases}$
c) $\begin{cases} x^3 + x^2y + xy^2 + y^3 = 41 \\ x^2 + y^2 = 41 \end{cases}$

271 Resolver os seguintes sistema:

a) $\begin{cases} yz + 2xz - 6xy = 2xyz \\ 2yz - 3xz - 2xy = -12xyz \\ 3yz + 2xz - 4xy = xyz \end{cases}$
b) $\dfrac{xy}{x+y} = \dfrac{6}{5}$, $\dfrac{yz}{y+z} = \dfrac{12}{7}$, $\dfrac{xz}{x+z} = \dfrac{4}{3}$

c) $\dfrac{xy}{3x+2y} = -\dfrac{1}{2}$, $\dfrac{2xz}{3x+2z} = 1$, $\dfrac{3yz}{3y-2z} = 1$
d) $\begin{cases} \dfrac{36}{2x+3y-9} + \dfrac{72}{5x-2y+13} = 7 \\ \dfrac{2x+3y-9}{2} = \dfrac{5x-2y+13}{3} \end{cases}$

e) $\begin{cases} (2x - 3y + 6)(2x - 5y - 19) = 0 \\ (4x + y - 16)(x - 6y - 6) = 0 \end{cases}$

272 Resolver:

a) Por quando deve ser vendida uma mercadoria com custo de R$ 15.000,00, para que o lucro seja de 20%?

b) Paguei por conta de luz, com 10% de multa, R$ 13.750,00. Quanto paguei de multa?

c) Se de cada 225 kg de minério são extraídos 34,2 kg de cobre, qual a porcentagem de cobre que esse minério contém?

273 Resolver:

a) Por 60 exemplares de um livro mais 75 exemplares de um outro, pagou-se R$ 405.000,00. Se houvesse um desconto de 15% no preço dos primeiros e de 10% no preço dos outros, a compra sairia por R$ 355.500,00. Determinar os preços desses dois livros.

b) Uma casa de antiguidades comprou dois objetos por R$ 225.000,00 e os vendeu obtendo um lucro de 40%. Quanto a casa pagou por cada objeto, se o primeiro deu um lucro de 25% e o segundo um lucro de 50%?

c) Se 5% da massa da água do mar é sal, quantos quilogramas de água pura é necessário acrescentar a 40 kg de água do mar para que 2% da mistura obtida seja sal?

d) Duas sacas contém, juntas, 140 kg de farinha. Elas conterão a mesma quantidade se tiramos 12,5% de uma e colocarmos na outra. Quantos quilogramas contém saca?

274 Resolver:

a) Determinar um número de dois algarismos sabendo que a razão entre este número e o produto dos seus algarismos é $2\dfrac{2}{3}$ e que o número procurado supera em 18 o número que se obtém quando trocamos as posições dos algarismos dele.

b) Determinar um número inteiro positivo sabendo que, se juntarmos 5 à sua direita, o número obtido fica divisível pelo número que excede o número procurado em 3 unidades e que o quociente dessa divisão é superado pelo divisor em 16 unidades.

275 Resolver:

a) Três caixas contém juntas 64,2 kg de açúcar. A segunda contém $\frac{4}{5}$ da primeira e a terceira $42\frac{1}{2}\%$ da segunda. Quanto tem de açúcar em cada caixa?

b) Uma empreiteira vai fazer uma estrada de ferro simples de 20 km de extensão. Para isso vai usar trilhos de 25 m e 12,5 m de comprimento que estão estocados. Se todos os maiores forem usados, então 50% dos menores devem ser adicionados para completar a estrada e se todos os menores forem usados, então $66\frac{2}{3}\%$ dos maiores devem ser adicionados. Determinar o número de trilhos de cada tipo (de 25 m e 12, 5 m) que ha no estoque.

276 Resolver:

a) Determinar dois números de dois algarismos sabendo que se juntarmos o zero seguido do menor número à direita do maior, e se juntarmos o maior seguido do zero à direita do menor, e dividirmos o primeiro desses números de 5 algarismos pelo segundo, obteremos quociente 2 e resto 590. Sabe-se que a soma do dobro do maior número procurado com o triplo do menor dá 72.

b) Um estudante multiplicou 78 por um número de 2 algarismos cujo algarismo das dezenas é igual ao triplo do das unidades e cometeu um erro permutando os algarismos do segundo fator: com isso obteve um produto que é excedido pelo produto correto em 2808. Qual é o produto correto?

277 Clóvis e Antonio trabalharam um mesmo número de dias. Se Clóvis tivesse trabalhado 1 dia a menos e Antonio 7 dias a menos, então Clóvis teria ganho R$ 72.000,00 e Antonio R$ 64.800,00. Se fosse o contrário, Antônio teria ganho R$ 32.400,00 mais que Clóvis. Quanto ganhou cada um?

278 Ricardo fez um certo número de peças num determinado tempo. Se ele tivesse feito 10 peças a mais por dia, teria completado a tarefa $4\frac{1}{2}$ dias antes e se tivesse feito 5 peças a menos por dia ele teria gasto 3 dias a mais. Quantas peças ele fez e em quantos dias?

279 Uma datilógrafa fez um trabalho num certo tempo, datilografando um certo número de páginas por dia. Ela verificou que se datilografasse 2 páginas a mais por dia, teria terminado o trabalho 2 dias antes e que se aumentasse sua cota diária em 60%, então terminaria o trabalho 4 dias antes, mesmo que o trabalho tivesse 8 páginas a mais. Quantas páginas ela datilografou por dia e em quantos dias?

280 Luciane e Elaine fizeram um trabalho de datilografia. Elaine começou a trabalhar 1 hora depois de Luciane. Três horas depois de Luciane ter começado havia ainda $\frac{9}{20}$ do trabalho para ser concluído. Depois do trabalho concluido verificou-se que cada uma tinha feito metade de todo o trabalho. Quantas horas cada uma levaria para fazer o trabalho todo sozinha?

Resp: **252** a){3, 5} b) {−9, −4} c) {−4, 9} d) {−11, 4} e) $\left\{-\frac{1}{2}, -\frac{1}{7}\right\}$ f) $\left\{-\frac{1}{4}, \frac{1}{7}\right\}$ g) {−3, 0, 4} h) {0, 1, 7}
i) $\left\{-\frac{1}{4}, 0, \frac{1}{5}\right\}$ j) $\left\{-\frac{1}{13}, 0, \frac{1}{5}\right\}$ **253** a){0, ± 2} b) {± 3} c) {±$\sqrt{5}$} d) $\left\{\pm\frac{1}{2}, \pm\frac{1}{3}\right\}$ e) {0, ± 3}
f) {−2, 0, 1} g) {−7, ± 3} h) {−2, 0, 3} i) {−8, 2, 5} j) {−5, ± 3} **254** a) {−3, 2} b) {6, ± 1} c) $\left\{\frac{3}{2}, 2, 3\right\}$
255 a) $\left\{\frac{1}{2}\right\}$ b) $\left\{-\frac{1}{3}\right\}$ c) $\left\{-\frac{1}{3}, 5\right\}$ **256** a) $\left\{-5, \pm\frac{\sqrt{6}}{3}\right\}$ b) $\left\{\frac{4 \pm 2\sqrt{2}}{3}\right\}$ **257** a) $\left\{3, \frac{4 \pm \sqrt{5}}{2}\right\}$ b) $\left\{\pm 1, \pm\frac{\sqrt{3}}{2}\right\}$
258 a) {0} b) $\left\{\pm 1, \pm\frac{\sqrt{3}}{2}\right\}$ c) {±$\sqrt{2}$} d) {±1} e) {±$\sqrt{5}$} **259** a) $\left\{1, 3, \frac{19}{11}, \frac{27}{13}\right\}$ b) $\left\{-\frac{1}{2}, \frac{1}{2}, 1, 2\right\}$
260 a) {1; −3} b) {5} c) {6} **261** a) {8} b){34} c) {6; −7} **262** a) {17} b) $\left\{64, -\frac{125}{8}\right\}$ c) {±5} **263** a) {81}
b) $\left\{\frac{3}{4}\right\}$ c) $\left\{-1, \frac{9}{16}\right\}$ **264** a) {5} b){±27} c) {7} **265** a) {(2$\sqrt{3}$, −$\sqrt{3}$} b) {(3$\sqrt{3}$, $\sqrt{3}$)}
c) {(2$\sqrt{3}$, 2} **266** a) a = 4, b = 3 **267** a) {(3, −4)} b) {(−4, 1, 5)} c) {(3, −2)} d) {(4, 1)} e) {(2, −3, 4)}

281 Em um determinado intervalo de tempo era necessário retirar 8000 m³ de terra de um terreno. A operação foi terminada 8 dias antes porque foi retirada 50 m³ a mais por dia do que a cota diária combinada. Determinar o tempo em que o serviço deveria ser feito e a porcentagem em que foi aumentada a cota diária.

282 Bebeto e Cesár fizeram um serviço em 12 horas. Se Bebeto fizesse metade do serviço e depois o César fizesse a outra metade, o serviço seria concluído em 25 horas. Quanto tempo cada um gastaria para fazer o serviço todo sozinho?

283 A distância entre dois postos A e B que estão na margem de um rio é de 20 km. Um barco parte de A, vai até B e retorna a A em 10 horas. Ache a velocidade das águas do rio sabendo que o barco gasta para subir 2 km o mesmo tempo que ele gasta para descer 3 km.

284 A distância entre duas cidades A e B através de um rio é 80 km. Um barco parte de A, vai até B e retorna depois a A em 8 horas e 20 minutos. Ache a velocidade do barco em relação à água, se a velocidade da água do rio é de 4 km/h.

285 Ligando duas cidades A e B existe uma estrada de ferro e um rio. A distância entre A e B pela estrada de ferro é de 66 km e por água é de 80,5 km. O trem deixa A 4 horas depois da partida do barco e chega em B 15 minutos antes. Determinar as velocidades médias do trem e do barco se a do trem é 30 km/h mais do que a do barco.

286 Dois automóveis partiram ao mesmo tempo de um mesmo ponto e no mesmo sentido. A velocidade do primeiro é de 50 km/h e a do segundo 40 km/h. Depois de meia-hora, do mesmo ponto e no mesmo sentido, parte um terceiro automóvel que alcança o primeiro 1,5 horas depois de ter alcançado o segundo. Achar a velocidade do terceiro.

287 Um ciclista tem que fazer uma viagem de 30 km. Tendo iniciado a viagem com um atraso de 3 minutos, teve que aumentar a velocidade em 1 km/h para chegar no horário previsto. Qual a velocidade em que ele fez a viagem?

288 Um trem ficou preso num farol por 16 minutos e teve que percorrer os próximos 80 km com uma velocidade de 10 km/h a mais do que a prevista para poder, então, continuar com a velocidade programada, sem atrasos. Qual é velocidade programada?

289 Um trem tem que percorrer 840 km em um certo tempo. Na metade do caminho ele parou por meia hora e teve que fazer o resto da viagem com a velocidade de 2 km/h a mais que a anterior para poder cumprir o desejado. Em quanto tempo ele fez a viagem?

290 O trem Santa Cruz parte da Estação Roosevelt (SP) com destino ao Rio, tendo uma velocidade de 60 km/h. Ao mesmo tempo, parte da estação D. Pedro II (RIO), com destino a São Paulo, o trem Vera Cruz, com uma velocidade de 40 km/h. Na frente deste, e ao mesmo tempo, parte uma abelha com a velocidade de 70 km/h. Essa abelha vai ao encontro do trem que vem de S. Paulo e, ao encontrá-lo, volta com destino ao Rio até encontrar Vera Cruz e assim sucessivamente até o encontro dos 2 trens. Quanto percorreu a abelha? (A distância São Paulo-Rio vale 500 km.)

291 Um coelho dá 6 saltos enquanto um cachorro dá 5 saltos, mas 6 saltos do cachorro equivalem a 9 saltos do coelho. Quando o cachorro começou a perseguir o coelho, este estava 60 saltos (de coelho) na frente. Quantos saltos deve dar o cachorro para alcançar o coelho?

292 Um cachorro parte de um ponto A na perseguição de uma raposa que se encontra 30 m adiante dele. Na corrida, cada pulo do cachorro é de 2 m e da raposa é de 1 m. Se para cada 2 pulos do cachorro a raposa dá 3, a que distância de A o cachorro alcança a raposa?

293 Dois trens distantes 650 km um do outro partem ao encontro um do outro. Se eles partirem simultaneamente, se encontrarão depois de 10 horas. Mas se um deles partor 4 horas e 20 minutos antes do outro, eles se encontrarão 8 horas depois da partida do último trem. Determinar a velocidade de cada trem.

294 Dois trens partem no mesmo instante de duas estações A e B, distantes 600 km, um em direção ao outro. O primeiro trem chega em B três horas antes do outro chegar em A. O primeiro trem faz 250 km no mesmo intervalo de tempo em que o outro faz 200 km. Ache a velocidade cada trem.

295 Fermino partiu a pé para um compromisso e depois de ter andado 3,5 km em 1 hora, verificou que se continuasse nesta velocidade chegaria 1 hora atrasado. Entretanto, ele fez o resto do percurso a 5km/h e chegou 30 minutos adiantado. Que distância Fermino andou?

296 Duas torneiras gastam 6 horas para encher uma piscina. Funcionando individualmente uma delas gasta 5 horas mais que a outra para enchê-la. Quanto tempo gasta cada uma individualmente para enchê-la?

297 Lucas e Fernando montaram um lote de peças. Depois de Lucas ter trabalhando 7 hora e Fernando 4 horas, verificou que $\frac{5}{9}$ do serviço estava concluído. Eles trabalharam simultaneamente por mais 4 horas e, então, notou-se que restava apenas $\frac{1}{18}$ do serviço para que o terminassem. Determinar o tempo que cada um levaria se tivesse que fazer o serviço sozinho.

Resp: **268** a) $\{(\sqrt{2},1);(\sqrt{2},-1);(-\sqrt{2},1);(-\sqrt{2},-1)\}$ b) $\{(\sqrt{2},2);(\sqrt{2},-2);(-\sqrt{2},2);(-\sqrt{2},-2)\}$ c) $\{(\sqrt[3]{2},-2)\}$
d) $\{(1,\sqrt{2}),(1,-\sqrt{2}),(-1,\sqrt{2}),(-1,-\sqrt{2})\}$ **269** a) $\{(4,0);(-4,-4)\}$ b) $\{(-1,-2);(\frac{5}{2},\frac{3}{2})\}$
c) $\{(\sqrt{3},1)(\sqrt{3},-1),(-\sqrt{3},-1),(-\sqrt{3},1)\}$ d) $\{(4,3);(4,-3)\}$ **270** a) $\{(5,-1),(-1,5)\}$ b) $\{(5,-6),(6,-5)\}$
c) $\{(5,-4),(-4,5)\}$ **271** a) $\{(0,0,0),(-1,\frac{1}{3},2)\}$ b) $\{(2,3,4)\}$ c) $\{(2,-1,3)\}$ d) $\{(3,5)\}$
e) $\{(3,4),(-6,-2),(\frac{9}{2},-2),(12,1)\}$ **272** a) R$ 18.000,00 b) R$ 1.250,00 c) 15,2%
273 a) R$ 3.000,00 e R$ 3.000,00 b) R$ 90.000,00 e R$ 135.000,00 c) 60 kg d) 80 kg e 60 kg
274 a) 64 b) 22 **275** a) 30 kg, 24 kg e 10,2kg b) 1200 de 25 m e 1600 de 12,5 m
276 a) 21 e 10 b) 4 836 km **277** R$ 75.000,00 e R$ 90.000,00 **278** 1350 peças e 27 dias
279 10 por dia; 12 dias **280** 10h e 8h **281** 40 dias, 25% **282** 20h e 30h **283** $\frac{5}{6}$ km/h
284 20 km/h **285** 44 km/h e 14 km/h **286** 60 km/h **287** 25 km/h **288** 50 km/h
289 21 horas **290** 350 km **291** 200 pulos **292** 120 m **293** 35 km/h e 30 km/h
294 40 km/h e 50 km/h **295** 21 km **296** 10h e 15h **297** 18h e 24h

Impressão e Acabamento
Bartiragráfica
(011) 4393-2911